近代政治史系列

# 中国人民解放军史话

*A Brief History of Chinese People's Liveration Army*

荣维木 / 著

社会科学文献出版社
SOCIAL SCIENCES ACADEMIC PRESS (CHINA)

图书在版编目（CIP）数据

中国人民解放军史话/荣维木著．—北京：社会科学文献出版社，2012.5
（中国史话）
ISBN 978-7-5097-3250-2

Ⅰ.①中… Ⅱ.①荣… Ⅲ.①中国人民解放军军史 Ⅳ.①E297.5

中国版本图书馆 CIP 数据核字（2012）第 060971 号

## "十二五"国家重点出版规划项目

中国史话·近代政治史系列

## 中国人民解放军史话

著　　者 / 荣维木

出 版 人 / 谢寿光
出 版 者 / 社会科学文献出版社
地　　址 / 北京市西城区北三环中路甲 29 号院 3 号楼华龙大厦
邮政编码 / 100029

责任部门 / 人文分社 (010) 59367215
电子信箱 / renwen@ssap.cn
责任编辑 / 胡三乐
责任校对 / 王明明
责任印制 / 岳　阳
总 经 销 / 社会科学文献出版社发行部
　　　　　 (010) 59367081　59367089
读者服务 / 读者服务中心 (010) 59367028

印　　装 / 北京画中画印刷有限公司
开　　本 / 889mm×1194mm　1/32　印张 / 5.75
版　　次 / 2012 年 5 月第 1 版　字数 / 111 千字
印　　次 / 2012 年 5 月第 1 次印刷
书　　号 / ISBN 978-7-5097-3250-2
定　　价 / 15.00 元

本书如有破损、缺页、装订错误，请与本社读者服务中心联系更换
版权所有　翻印必究

# 《中国史话》
# 编辑委员会

主　　任　陈奎元

副主任　武　寅

委　　员　(以姓氏笔画为序)

　　　　　卜宪群　王　巍　刘庆柱

　　　　　步　平　张顺洪　张海鹏

　　　　　陈祖武　陈高华　林甘泉

　　　　　耿云志　廖学盛

# 总　序

中国是一个有着悠久文化历史的古老国度，从传说中的三皇五帝到中华人民共和国的建立，生活在这片土地上的人们从来都没有停止过探寻、创造的脚步。长沙马王堆出土的轻若烟雾、薄如蝉翼的素纱衣向世人昭示着古人在丝绸纺织、制作方面所达到的高度；敦煌莫高窟近五百个洞窟中的两千多尊彩塑雕像和大量的彩绘壁画又向世人显示了古人在雕塑和绘画方面所取得的成绩；还有青铜器、唐三彩、园林建筑、宫殿建筑，以及书法、诗歌、茶道、中医等物质与非物质文化遗产，它们无不向世人展示了中华五千年文化的灿烂与辉煌，展示了中国这一古老国度的魅力与绚烂。这是一份宝贵的遗产，值得我们每一位炎黄子孙珍视。

历史不会永远眷顾任何一个民族或一个国家，当世界进入近代之时，曾经一千多年雄踞世界发展高峰的古老中国，从巅峰跌落。1840年鸦片战争的炮声打破了清帝国"天朝上国"的迷梦，从此中国沦为被列强宰割的羔羊。一个个不平等条约的签订，不仅使中国大量的白银外流,更使中国的领土一步步被列强侵占,国库亏空,民不聊生。东方古国曾经拥有的辉煌,也随着西方列强坚船利炮的轰击而烟消云散,中国一步步堕入了半殖民地的深渊。不甘屈服的中国人民也由此开始了救国救民、富国图强的抗争之路。从洋务运动到维新变法,从太平天国到辛亥革命,从五四运动到中国共产党领导的新民主主义革命,中国人民屡败屡战,终于认识到了"只有社会主义才能救中国,只有社会主义才能发展中国"这一道理。中国共产党领导中国人民推倒三座大山,建立了新中国,从此饱受屈辱与蹂躏的中国人民站起来了。古老的中国焕发出新的生机与活力,摆脱了任人宰割与欺侮的历史,屹立于世界民族之林。每一位中华儿女应当了解中华民族数千年的文明史,也应当牢记鸦片战争以来一百多年民族屈辱的历史。

当我们步入全球化大潮的21世纪,信息技术革命迅猛发展,地区之间的交流壁垒被互联网之类的新兴交流工具所打破,世界的多元性展示在世人面前。世界上任何一个区域都不可避免地存在着两种以上文化的交汇与碰撞,但不可否认的是,近些年来,随着市场经济的大潮,西方文化扑面而来,有些人唯西方为时尚,把民族的传统丢在一边。大批年轻人甚至比西方人还热衷于圣诞节、情人节与洋快餐,对我国各民族的重大节日以及中国历史的基本知识却茫然无知,这是中华民族实现复兴大业中的重大忧患。

中国之所以为中国,中华民族之所以历数千年而不分离，根基就在于五千年来一脉相传的中华文明。如果丢弃了千百年来一脉相承的文化，任凭外来文化随意浸染，很难设想13亿中国人到哪里去寻找民族向心力和凝聚力。在推进社会主义现代化、实现民族复兴的伟大事业中，大力弘扬优秀的中华民族文化和民族精神，弘扬中华文化的爱国主义传统和民族自尊意识，在建设中国特色社会主义的进程中，构建具有中国特色的文化价值体系，光大中华民族的优秀传统文化是一件任重而道远的事业。

当前，我国进入了经济体制深刻变革、社会结构深刻变动、利益格局深刻调整、思想观念深刻变化的新的历史时期。面对新的历史任务和来自各方的新挑战，全党和全国人民都需要学习和把握社会主义核心价值体系，进一步形成全社会共同的理想信念和道德规范，打牢全党全国各族人民团结奋斗的思想道德基础，形成全民族奋发向上的精神力量，这是我们建设社会主义和谐社会的思想保证。中国社会科学院作为国家社会科学研究的机构，有责任为此作出贡献。我们在编写出版《中华文明史话》与《百年中国史话》的基础上，组织院内外各研究领域的专家，融合近年来的最新研究，编辑出版大型历史知识系列丛书——《中国史话》，其目的就在于为广大人民群众尤其是青少年提供一套较为完整、准确地介绍中国历史和传统文化的普及类系列丛书，从而使生活在信息时代的人们尤其是青少年能够了解自己祖先的历史，在东西南北文化的交流中由知己到知彼，善于取人之长补己之短,在中国与世界各国愈来愈深的文化交融中,保持自己的本色与特色,将中华民族自强不息、厚德载物的精神永远发扬下去。

《中国史话》系列丛书首批计200种,每种10万字左右,主要从政治、经济、文化、军事、哲学、艺术、科技、饮食、服饰、交通、建筑等各个方面介绍了从古至今数千年来中华文明发展和变迁的历史。这些历史不仅展现了中华五千年文化的辉煌,展现了先民的智慧与创造精神,而且展现了中国人民的不屈与抗争精神。我们衷心地希望这套普及历史知识的丛书对广大人民群众进一步了解中华民族的优秀文化传统,增强民族自尊心和自豪感发挥应有的作用,鼓舞广大人民群众特别是新一代的劳动者和建设者在建设中国特色社会主义的道路上不断阔步前进,为我们祖国美好的未来贡献更大的力量。

陈奎元

2011年4月

⊙荣维木

## 作者小传

荣维木，1952年出生于北京，现任中国社会科学院近代史研究所《抗日战争研究》执行主编；中国抗日战争史学会秘书长；中国口述史研究会副秘书长；中日历史共同研究中方委员。主要著作有《炮火下的觉醒——卢沟桥事变》、《李宗仁大传》、《日本教科书问题评析》（副主编、合著）、《东亚三国的近现代史》（合著）、《抗日战争热点问题聚焦》（主编、合著）、《中华民族抗日战争史》（主编、合著）、《中华民族抗日战争全史》（主编、合著）等；发表论文多篇，其中《谁在制造谎言——评日本右翼的军国主义史观》获中宣部第八届"五个一工程"理论文章入选奖。

# 目 录

一 人民军队的诞生 ················ 1
  1. 南昌起义的枪声 ················ 1
  2. 湘赣边界舞红旗 ················ 9
  3. 广州起义失败 ·················· 17
  4. 三湾改编　井冈会师 ············ 24

二 十年风雨中的工农红军 ·········· 32
  1. 星星之火　可以燎原 ············ 32
  2. 破敌"围剿"　四奏凯歌 ·········· 40
  3. 红军不怕远征难 ················ 50
  4. 三军会师　旗鼓重整 ············ 59

三 抗日烽火中的八路军和新四军 ···· 72
  1. 改编出师　初战告捷 ············ 72
  2. 艰苦卓绝的敌后游击战争 ········ 82
  3. 战胜困难　坚持抗战 ············ 92
  4. 打败日本侵略者 ················ 101

**四　为建立新中国而奋战的中国人民解放军** …… 112
　1. 争取和平　准备自卫 ………………… 112
　2. 从战略防御到战略反攻 ……………… 123
　3. 伟大的战略决战 ……………………… 136
　4. 风雨下钟山　解放全中国 …………… 149

**参考书目** ……………………………………… 159

# 一 人民军队的诞生

## 1 南昌起义的枪声

1927年4月12日，蒋介石公开叛变革命，在上海向中国共产党人和革命群众举起了屠刀；7月15日，汪精卫步蒋介石后尘，在武汉树起反共旗帜，提出"宁可枉杀千人，不使一人漏网"的口号。蒋、汪发动的反革命政变，标志着国共两党以打倒北洋军阀为目标的第一次合作彻底破裂。帝国主义扶植的国民党新军阀，利用手中掌握的军队，逐步取代了气数已尽的北洋军阀，控制了中国的政治、经济，建立起新的反动统治秩序。

国民党新军阀登台后，到处收编反动武装，扩充实力，抢占地盘，对共产党人和工农群众实行最疯狂最野蛮的血腥屠杀。据不完全统计，仅1927年，就有10万名共产党人和工农群众惨死在反动派的屠刀之下。共产党员由6万人骤减到1万人，中共党组织遭到严重破坏，曾经蓬勃发展的工农运动遭到严重摧残。中国反帝反封建的民主革命，由高潮转入了低潮，白色恐怖笼罩着中国大地。

正当中国革命处于危急关头，中国共产党毅然肩负起领导中国人民继续完成民主革命任务的重担。大革命失败的严重教训，使得共产党人深刻地认识到：以革命的武装反对反革命的武装，这是中国民主革命的必然，"没有一个人民的军队，便没有人民的一切"。于是，中国共产党开始了创建独立领导的人民军队的活动。

1927年7月中旬，中共中央决定首先在南昌发动起义，委派周恩来为前敌委员会书记，负责领导这次起义。当时，在国民革命军中，中国共产党掌握和影响的军队主要有：叶挺指挥的第二方面军第十一军第二十四师，驻扎九江地区；贺龙指挥的第二方面军第二十军，驻扎九江地区；朱德指挥的第五方面军第三军军官教导团和南昌公安局的两个保安队，驻扎南昌市；以原叶挺独立团为骨干扩编的第二方面军第四军第二十五师，驻扎南浔马回岭地区。此外，卢德铭指挥的国民政府警卫团和陈毅领导的中央军政学校武汉分校学员，正由武汉向南昌集中。合到一起约有2万人。与共产党相比，国民党在南昌地区的力量薄弱，驻守南昌的朱培德部队，大部分兵力在吉安、进贤一带，南昌城内只有6个团的兵力，加上留守机关，也只有1万余人。在南昌出现了有利于起义的条件。

正当南昌起义的准备工作秘密进行的时候，汪精卫似乎嗅出了空气中的火药味，他于7月24日匆忙跑到庐山，与孙科、朱培德、张发奎等人密谋策划，企图诱骗贺龙、叶挺上庐山参加军事会议，趁机解除他们的兵权。这一阴谋，被担任第二方面军第四军参谋长的秘密共产党员叶剑英得知，他立即赶到九江，与贺龙、叶挺在星子县鄱阳湖的一只小船上商讨对策。最后决定，不理睬张发奎要部队集结德安的命令，立即由贺、叶分头率部迅速开赴南昌，随时准备发动起义。

7月27日，贺龙、叶挺率领的队伍乘火车向南昌挺进。南昌群众张灯结彩，燃放鞭炮，热烈欢迎革命军队的到来。同一天，周恩来在陈赓的陪伴下，从汉口到达南昌，住在花园角2号（现花园角4号）朱德在南昌的住宅。此时先后到达南昌的中共领导人还有刘伯承、彭湃、聂荣臻、恽代英、吴玉章、林伯渠、廖乾吾、徐特立等人。周恩来到达南昌的当天，立即成立了以他为书记，李立三、恽代英、彭湃为委员的起义前敌委员会，并在江西大旅社（原址现改为八一南昌起义纪念馆）主持了前敌委员会会议。会议分析了敌我力量对比情况，缜密地筹划了起义的各项准备工作，最后决定成立武装起义总指挥部，预定于7月30日发动起义。

7月28日，南昌起义总指挥部在江西大旅社成立，委任贺龙为起义总指挥，叶挺任前敌总指挥，刘伯承任参谋长。

7月29日，南昌起义的准备工作已基本就绪。这时汪精卫等人悍然下令在张发奎的第二方面军实行"清共"，并严令贺龙、叶挺部限期从南昌撤回九江。

在这形势骤然紧迫，革命与反革命即将展开生死搏斗的紧急关头，张国焘以中共中央代表的身份，从九江向南昌前敌委员会接连发出两封密电，称"暴动宜慎重，无论如何候我到再决定"，妄图阻挠起义。

7月30日，张国焘从九江赶到了南昌。当天，前敌委员会召开紧急会议。会上，张国焘提出：起义需征得张发奎的同意，否则不能进行。张国焘的发言，立即引起了激烈争论。前敌委员纷纷表示：起义不能推迟，更不能停止；张发奎已经受到汪精卫的影响，绝不会同意我们的起义计划；起义必须由我党领导，绝不能依赖军阀。张国焘见大家都反对自己的意见，便抬出"国际代表"的招牌来吓人。这时，周恩来再也无法抑制心中的愤怒，拍着桌子说道："国际代表和中央给我的任务是叫我来主持这个运动，现在给你的命令又是如此，我不能负责了，我即刻回汉口去吧！"由于张国焘是中央代表，会议不能以表决的方式否定他的意见，只好暂时休会，原来准备30日起义的计划，也随之不能执行了。张国焘对起义的干涉，引起了人们的普遍不满，有人提议将他绑起来，但这个提议被周恩来制止了。第二天早晨继续开会，又争论了几个小时，最后张国焘终于屈服，于是前委会决定：8月1日凌晨4时发动起义。

7月31日下午，起义总指挥部以贺龙的名义下达了起义命令。周恩来、贺龙、叶挺等人分别到起义军各部队，召集团以上干部开会，做起义前的最后动员，明确战斗任务和行动方案。不料，这时发生了一件意外的事情，起义计划被第二十军第一团一个姓赵的营长泄露给敌人。贺龙得知消息后，立即报告前委会。前委会当机立断，把起义时间提前两个小时。

8月1日凌晨2时，三声清脆的枪声划破了长夜的静寂，南昌起义的战斗打响了。起义军官兵在周恩来、贺龙、叶挺、朱德、刘伯承等人的率领下，从四面八方冲向敌军，枪炮声与喊杀声震撼着南昌大地。

起义开始后，起义军各部按照计划分头包围了敌军据点。进攻敌军第五方面军总指挥部的战斗最为激烈。盘踞在这里的警卫团，是朱培德的精锐部队。敌军凭借有利地形，以凶猛的炮火封锁了起义军进攻要道：鼓楼门洞。在敌军的炮火下，起义军进攻屡次受挫。贺龙与刘伯承亲临前沿阵地，观察地形，指挥战士从民房屋顶架梯攀上鼓楼，居高临下向敌军扫射。经过三个小时的激烈战斗，敌军被压制在指挥部内，死伤多人后，剩下的全部投降。

起义军第二十四师第七十一团、七十二团，还有随北伐军开到南昌的广东农军，分别由周恩来和叶挺率领，攻打松柏巷天主教堂和贡院的敌军。在天主教堂方面，起义军的一名营长，头一天化装成担水的伙夫，两次进入敌营侦察，弄清了兵力部署。战斗打响后，周恩来在松柏巷一所学校内指挥战斗，起义军由共产党员和共青团员组成冲锋队，冒着敌人的火力冲入教堂院内，攻占了有利位置，敌人无路可退，只好投降。在贡院方面，起义军也事先进行了侦察，因此战斗也进行得比较顺利，敌人几乎来不及还手，就成了俘虏。

起义发动前,朱德按照前委会的计划,特意在敌南昌市长李尚庸家做东请客,邀请敌第二十三团团长卢泽民、第二十四团团长"萧胡子"和一个姓蒋的副团长赴宴。晚上9点钟左右,埋伏在院内的起义军战士突然冲进屋子,酒酣耳热之际的几个"客人"束手就擒。朱德设宴,为起义军顺利消灭敌人创造了条件。

8月1日早晨,南昌起义战斗全部结束,共歼敌3000余人,缴枪5000余支、子弹70多万发、大炮数门。

当日上午9时,在南昌原江西省政府西花厅,召开了中国共产党人和国民党左派人士参加的联席会议,在大会上,叶挺作了关于起义经过的报告。按照中共中央事先的决定,大会采用了国民党革命委员会的旗号,选举出由周恩来、叶挺、彭湃、李立三、吴玉章、林伯渠、恽代英、贺龙、谭平山等25人组成的革命委员会,委员中还包括当时不在南昌的宋庆龄、邓演达、何香凝等国民党左派人士。

8月2日,聂荣臻、周士第率领在马回岭起义的第四军第二十五师赶到南昌,起义军的队伍总计达到了2万余人。周恩来庄严宣告:"革命靠军阀的部队是靠不住的,我们必须建立自己的武装来打倒反革命。现在,我们起义成功了。从此,这里的军队归共产党领导。"革命委员会任命吴玉章为秘书长,刘伯承为参谋长,贺龙为第二方面军总指挥兼第二十军军长,叶挺为前敌总指挥兼第十一军代军长,朱德为第九军军长,郭沫若为总政治部主任。一支由中国共产党独立领导的革命武装光荣诞生了。同日下午,革命委员会召开群众大会,各界群众数万人参加了大会,会场上红旗招展,欢声雷动。大会主席团由贺龙、叶挺、恽代英及各界代表组成。贺龙在大会上发表的演说,不断被掌声和欢呼声打断。大会自始至终洋溢着胜利后的喜悦气氛。

南昌起义的胜利,引起了国民党反动派的恐慌。蒋介石下令从南京、武汉、广东等地调集军队,气势汹汹地向起义军扑来,企图一举消灭这支刚刚诞生的革命武装。起义军面临着强大反革命势力的疯狂反扑,今后应该怎样行动呢?按照中央的计划,起义军应立即南下,先取东江,次取广州,取得国际援助,然后以广东为根据地,发动打倒蒋介石新军阀的第二次北伐战争。这个计划,反映出当时中国共产党的领导者还没有掌握中国革命战争的规律,不懂得深入农村动员组织游击战争和建立农村革命根据地的重要性,对由于敌人的强大而造成的中国革命的持久性也还缺少清醒的认识。

根据中央原来的计划,前委会决定起义军撤离南昌。8月3日至7日,起义军分批离开南昌,踏上了南征的路程。起义军南下路线大多是崎岖的山路,十分艰险,而8月的江西,骄阳似火,酷暑如蒸,更增加了行军的困难。恶劣的行军条件,极大地消耗着起义军官兵的体力,许多人病倒、脱队,部队严重减员。

部队开到进贤时,南昌起义后加入起义军的蔡廷锴,突然率领第十师脱离起义军,一下拉走了全军近1/4的兵力。但是大多数起义官兵,没有被困难吓倒,他们表现出顽强的意志,继续前进。贺龙和郭沫若,正是在南征的艰难道路上,由周恩来介绍加入了中国共产党。

8月25日,起义军在壬田与前来阻击的敌军展开激战,经过一昼夜的战斗,起义军击溃了敌军,乘胜一举占领了瑞金。稍后,敌军在会昌集中了18个团的兵力,企图从背后袭击起义军。起义军果断决定主动进攻会昌。30日,会昌战役打响,经过一天苦战,起义军以伤亡1000余人的代价,歼敌6000余名,并占领了会昌。9月6日,起义军到达长汀;18日,占领大埔、松口、三河坝。在三河坝,起义军决定兵分两路:一路由朱德率领第九军教导团、第二十五师留守三河坝,阻挡梅县方面的敌军;一路由周恩来、贺龙、叶挺、刘伯承率领第二十军和第十一军第二十师,继续南下。23日、24日,南下起义军占领了潮州和汕头,但这时敌人已经聚集了数倍于起义军的兵力,形成了对起义军的包围态势。从28日开始,南下起义军在揭阳山湖地区与敌人连续激战三昼夜,消灭敌军2000余人,但自己伤亡也很严重,最后因弹药即将用尽,被迫撤出战斗,潮、汕随即失守。南下起义军退至普宁县流沙后,前委会决定不再使用国民党革命委员会的名义,起义军向海陆丰转移,树起了苏维埃的旗帜。流沙会议后,周恩来身染重病处于昏迷状态,在叶挺、聂荣臻的陪伴下乘船转移到香港。南下起义军余部1200人到达陆丰，与当地农民军会合，开始创立苏维埃政权。留驻三河坝的起义军，在朱德、陈毅的率领下，冲破敌人包围，在湘粤赣边境展开游击战争，并于第二年初发动了轰轰烈烈的湘南大起义，随后上井冈山与毛泽东领导的秋收起义队伍会师，开始了创建红军与井冈山革命根据地的活动。

南昌起义，在强大的敌人镇压下最后失败了。周恩来在总结这次起义的失败教训时说："用国民革命左派政府名义，南下广东，想依赖外援，攻打大城市，而没有直接到农村中去发动和武装农民，实行土地革命，建立农村根据地，这是基本政策的错误。"

南昌起义虽然失败了，但是它"在共产党的领导下，向国民党反动派打响了第一枪，这在大方向上是对的"。南昌起义的枪声，宣告了中国共产党在遭受了第一次国内革命战争的严重挫折后，没有向敌人屈服，而是勇敢地开始了新的战斗。如同在黑暗中点燃了火炬，中国革命有了新的希望，中国共产党领导的人民军队，已经在这次起义中诞生，成为中国革命赖以继续的基础。中国人民解放军的历史从这里开始了。

## 湘赣边界舞红旗

南昌起义的发动，标志着中国共产党领导的中国革命进入了一个新的时期。为了总结大革命失败的经验教训，确定今后的革命任务和斗争方针，中共中央于 1927 年 8 月 7 日，在汉口召开了一次紧急会议，这就是著名的"八七会议"。会议由李维汉主持，出席会议的有中央委员瞿秋白、张太雷、邓中夏、任弼时、苏兆征、蔡和森等人及候补中央委员毛泽东等，中央秘书邓小平、军委代表王一飞及共产国际代表罗明纳兹也参加了会议。由于白色恐怖严重，会议只开了一天。毛泽东在会议上发言，批判了陈独秀在大革命时期的右倾机会主义错误，第一次提出了"枪杆子里面出政权"的思想。毛泽东的发言得到与会者的赞同。最后，会议确定了实行土地革命和武装反抗国民党反动派的总方针，并强调必须要创造一支新的革命军队。会议还通过了《最近农民斗争的议决案》，决定在有农民运动基础的湘鄂粤赣四省发动秋收起义。会后，毛泽东受中央委派前往湖南，负责领导湘赣边界的秋收起义。

8 月中旬，毛泽东到达长沙。18 日，毛泽东以中央特派员的身份，出席了在长沙市郊沈家大屋召开的湖南省委会议。在会议上，他传达了八七会议的精神，分析了武装斗争和土地革命的关系，再次强调："现在应以 60% 的精力注意军事运动，实行在枪杆子上夺取政权，建设政权。"根据湖南的具体情况和敌我力量的对比，毛泽东还提出，应集中力量在湘赣边界发动秋收起义。根据他的建议，湖南省委经过几次讨论，在 8 月 30 日制订出秋收起义的行动计划。这个计划规定：集中力量，发动以长沙为中心，包括湘潭、宁乡、醴陵、浏阳、平江、安源、岳阳等处的起义；组成起义的领导机关，由各军事负责人组成前敌委员会，毛泽东任书记，由起义地区中共党组织负责人组成行动委员会，易礼容任书记；参加起义的革命军队和工农武装，统一编为工农革命军第一军第一师。

起义计划确定后，毛泽东立即奔赴湘赣边界。他在株洲等地布置起义工作后到达江西安源。毛泽东一到安源，立即向当地的中共党组织负责人传达了八七会议精神，宣布湖南省委关于秋收起义的决定。9月初，毛泽东在安源张家湾召开军事会议，参加会议的有起义地区中共党组织负责人和军事负责人。这次会议，对秋收起义的行动计划进行了深入讨论，决定9月9日发动起义。

湘赣边界秋收起义的军事骨干力量，主要是卢德铭率领的原武汉国民政府警卫团，以及平江、浏阳的农军和安源的工人武装。早在1927年7月底，中共党员卢德铭奉党中央之命率领警卫团开赴南昌参加起义，但行至中途，得知南昌起义部队已经南下，于是改变计划，进驻江西修水待命。这时，原打算参加南昌起义的平江农军和浏阳农军，也分别进入修水和铜鼓。另外，由罗荣桓率领的通城、崇阳农民武装100余人，也从鄂南开到了修水，与卢德铭部会合后编成了特务连。

8月下旬，警卫团和平江、浏阳农军的负责人，在修水山口镇召开会议，决定把这几支武装合并成一个师，原警卫团为第一团，浏阳农军为第三团，平江农军则分别补进这两个团。到秋收起义时，就以这个师为基础，编成工农革命军第一军第一师，第一、三团编制不变，将安源工人武装编成第二团，3个团的兵力约有5000人，由卢德铭任总指挥。此外，在秋收起义之前，警卫团还收编了夏斗寅残部的一个团，起义时编为第四团。

起义部队的行动计划是：以夺取长沙为目标。第一团从修水出发，进攻平江，再向长沙前进；第二团从安源出发，进攻萍乡、醴陵，与醴陵、株洲的农民起义相结合，对长沙取包围态势；第三团从铜鼓出发，向浏阳进攻并发动浏阳农民暴动；各路起义得手后，以长沙市郊工农暴动为内应，相机攻克省城。

9月5日，毛泽东从安源写信给湖南省委，对攻打长沙问题特别强调指出："长沙的暴动要与前方的军队配合，待起义军逼近长沙时方能实行，不可轻举妄动。"这对后来起义军在形势不利的情况下，作出停止攻打长沙而向农村转移的正确决定，起到了很大作用。

起义的行动计划制订后，毛泽东为争取起义的成功，历尽艰难，奔走于萍乡、醴陵、浏阳、铜鼓之间，宣传秋收起义的意义，组织工农革命力量，为起义的发动做了大量的工作。

1927年9月9日，在以毛泽东为首的前敌委员会的领导下，震动全国的湘赣边界秋收起义终于爆发了！

按照事前的计划，起义军首先发动工人、农民破坏敌人的铁路。从9日开始，起义军先后破坏了粤汉与株（洲）萍（乡）铁路，切断了铁路交通运输，使敌人的火车直至15日还不能通行。

起义开始后,工农革命军第一团从江西修水出发,取道长寿街,进攻平江。10日,占领朱溪厂,随即越过平江、修水边界,占领了平江县龙门厂。就在第一团胜利进军的时候,敌人在平江增兵一个团。这时,混入起义军队伍的第四团原夏斗寅残部,在邱国轩的带领下突然叛变,在距离长寿街15里的金坪附近,向第一团发起袭击。第一团腹背受敌,经过两小时激战,被迫撤出战斗,向浏阳方向转移。

9月10日,工农革命军第二团在安源起义。当晚12时,第二团从安源向萍乡进发,次日拂晓前兵临萍乡城厢。由于敌人得到消息后已有所准备,第二团不能按原计划偷袭,于是决定强攻。第二团架起土炮,向城墙轰击,但因火力太弱,无法发挥作用。第二团又架设云梯攻城,但敌人弹飞如雨,官兵牺牲多人,仍未能攻入萍乡城。鏖战至晚,敌人从宜春赶来增援。第二天中午,第二团果断决定停止进攻萍乡,转兵西进攻打老关。在老关,第二团消灭了敌人一个排,缴枪10余支。12日,第二团从老关乘火车到达醴陵,会合当地农军,进攻县城。醴陵县城三面临河,城内驻扎着敌人的一个营,他们凭借地理条件顽强抵抗。第二团与农军分成三路攻城。第一路由主力部队涉水渡河攻打到东门下时,事先潜入东门内的部分安源起义工人和浏阳农军分别向敌人发动进攻,摧毁了敌人的机枪阵地,主力部队乘势冲入城门;在南门,第二路起义军佯攻渌江桥,掩护第三路起义军涉水渡江,很快攻入城内,直插县城中心。起义军进城后,敌人纷纷退到城内一座教堂里。起义军战士勇猛地攀上过道旁的骑楼,向敌人投掷炸药。敌人见大势已去,只好举手投降。此役,起义军共俘敌100多名,缴枪七八十支。战斗胜利后,第二团在醴陵成立了革命委员会,开仓放粮,受到群众的热烈欢迎。

第二团攻占醴陵后,敌人以强大兵力反扑过来。而此时,浏阳方面敌人的主力已经调到东乡永和市、达浒一带,县城仅有团防队和法警不满百人留守。根据新的情况,第二团决定撤出醴陵,暗渡浏阳,乘敌人不备向浏阳县城发动进攻。第二团连夜开往浏阳,在当地农民武装配合下,于15日晨顺利占领了浏阳。第二团进入县城后,从牢狱里救出了300多名革命同志和群众。但由于浏阳西靠长沙,敌人很快就调集大批援兵向这里开来。第二团连克醴陵、浏阳二城后,有的领导产生了轻敌思想,致使第二团未能及时撤退,于16日陷入敌人重兵的包围。经激烈战斗后,许多官兵英勇牺牲,队伍被打散,仅有少数人突围脱险。

工农革命军第三团由毛泽东率领。9月10日,毛泽东从长沙到达铜鼓第三团驻地,在肖家祠堂他主持召开了排以上干部会议,进行起义动员。晚上,他在中秋节聚餐会后,又到连队去看望士兵和参加起义的工农群众。11日,毛泽东在铜鼓县城桥头沙洲上检阅了起义部队,之后,率领第三团官兵向通往浏阳的白沙镇进发。起义部队到达白沙镇后,立即与敌人展开了激烈战斗。第一连战士冒着敌人的弹雨,迅速占领了镇子右侧的小山包高地,掩护第二连插到敌人后背。敌人在起义军的前后夹击下顿失招架之力,只好仓皇逃窜。第三团占领白沙镇后,于12日乘胜前进,直捣浏阳东门市,在东门市十二墩处击溃了敌军的阻击,一举占领了东门市。但这时,由于第一团在长寿街失利,使第三团右路失去了配合,敌军两个团的兵力得以迅速向第三团迂回过来。13日上午,敌人分两路包围了第三团。起义军官兵与敌人进行了6个小时的激战,终因力量对比悬殊,最后从马鞍山脚下向上坪撤退。

在工农革命军发动秋收起义的时候,一些工农武装也纷纷响应,红旗在湘赣边界到处飘扬。9月11日,长沙郊外农民起义,捣毁了团防局,缴枪80多支;9月12日,工农武装冲击粤汉铁路和株萍铁路上的重镇株洲,缴枪12支;在平江,起义农民奋起攻打县城,镇压了一些反动分子。

但是,在敌强我弱的条件下,湘赣边界的秋收起义最终未能按计划取得成功。工农革命军各路部队与地方工农武装,在与敌人展开英勇战斗后,纷纷失利,伤亡严重。在此危机时刻,毛泽东当机立断,通知各路起义部队迅速向浏阳县文家市集中。19日,起义军进入文家市。当晚,毛泽东在文家市里仁学校,主持召开了前敌委员会会议,讨论部队今后的去向问题。

在前敌委员会会议上,有人主张按照原定计划,继续攻打长沙。毛泽东分析当时的形势特点是敌大我小,敌强我弱,中国革命正处于低潮时期。在强大的敌人占据着中心城市的情况下，起义军攻打那里已经不可能成功。他提出，必须改变进攻长沙的计划，将起义军转移到敌人统治力量薄弱的农村去，发动农民群众，深入开展土地革命，坚持武装斗争，保存和发展革命力量，建立农村根据地。毛泽东的发言，引起了激烈的争论。会议一直开到深夜，最后，毛泽东的主张得到了大多数人的支持，会议决定：放弃攻打长沙计划，工农革命军转向农村，向罗霄山脉中段进军。

9月20日清晨，工农革命军1500余名官兵，集合在文家市里仁学校的操场上。毛泽东对大家说：我们是一支工农的武装，要为工农群众打天下；和反动派做斗争，就一定要有枪杆子；秋收起义失败了，但这算不了什么，胜败是兵家常事，我们的斗争才刚刚开始；我们要在农村建立革命的战略基地，站住脚跟，养精蓄锐，发展我们的武装力量。大会结束后，毛泽东率领起义队伍离开文家市，开始向雄伟的罗霄山脉进军。

轰轰烈烈的湘赣边界秋收起义，虽然最后遭受严重挫折，没有达到预期目的，但是，这次起义对于中国人民军队的建立，对于中国革命由低潮向新的高潮发展，无疑有着十分重要的意义。在起义中建立起来的工农革命军第一师，成为中国共产党领导下从城市撤退后向农村进军的第一支军队。尽管这支军队当时还十分弱小，但是它却像投入到肥沃土壤里的一粒种子，很快生根发芽，茁壮成长起来。中国革命战争，由此开辟出了一个崭新的天地。

## 广州起义失败

湘赣秋收起义结束后,为了总结起义的经验,制订新的行动方针,中共中央于1927年11月在上海召开了政治局扩大会议。这次会议,"左"倾盲动主义明显占了上风。会议通过的《中国现状与共产党的任务》议案,对局势作出了错误的估计,不承认中国革命在反革命强大势力的包围下正处于低潮,而是认为中国革命正在"不断高涨",应该采取"不间断的革命"。以这种思想为指导,会议决定继续在中心城市乃至全国组织起义。这说明,处在幼年时期的中国共产党,对于中国革命战争的长期性和艰巨性还没有清醒的认识。广州起义就是在这样的情况下,作为大革命失败后,革命力量向敌人统治的中心城市进攻的最后一次尝试,于1927年12月发动的。

早在1927年9月,中共中央就制订了占领广州,建立中国临时革命政府的计划,要求广东省委首先在东江、西江及海南地区发动农民起义,然后在城市工人的配合下夺取广州。11月中旬,国民党内部粤桂两派军阀矛盾激化,粤系军阀张发奎、李福林两军主力分别开赴肇庆、梧州,准备与桂系军阀对阵。广州城内,敌人兵力一时空虚,这确实给共产党发动广州起义创造了时机。

11月26日,中共广东省委书记张太雷主持省委常委会议,作出了发动广州起义的决定,随后成立了领导起义的行动委员会和指挥部,由张太雷任总指挥,叶剑英任副总指挥,叶挺任起义军总司令,聂荣臻任省委军委主席,周文雍任广州工人赤卫队总指挥,徐向前任工人赤卫队第六联队队长。

这次起义的主要军事力量,是叶剑英统领的军官教导团。这个团是由原中央军事政治学校武汉分校的学员编成的,共有1000余人,其中许多人是共产党员。教导团随张发奎第四军撤出武汉南行时,曾准备在途中发动兵变,后考虑到南昌起义部队已经南下,于是准备在广东与南昌起义部队会合后,伺机在广州发动起义。参加广州起义的除教导团外,还有由秘密工人武装统一编成的工人赤卫队7个联队。另外,中共党组织还乘张发奎扩充警卫团之机,派党员和省港罢工工人加入进去,以便发动起义时作为内应,还有一些正在广州工作和学习的苏联、越南及朝鲜革命者,也参加了起义行动,其中有不少人在战斗中牺牲,如崔庸健率领150多名朝鲜人参加广州起义,大部分人在战斗中献出了自己宝贵的生命。

12月4日,张太雷召集教导团的200多名共产党员和进步分子,在广州郊外秘密开会,宣布发动起义的决定,并制订了起义的具体行动方案。7日,起义行动委员会又在广州秘密召开工农兵代表大会,会议选出了广州苏维埃执行委员会,决定12月13日发动起义。

正当广州起义准备工作秘密进行的时候,狡猾的汪精卫突然察觉出广州的空气异常,于是在12月9日从上海致电张发奎,命令其解除教导团的武装,禁止工人赤卫队活动,搜查苏联领事馆,捕杀共产党员。张发奎接电后,立即电令主力部队迅速返回广州。10日,敌人开始在广州实行特殊戒严,国民党军队也已经向广州移动。在这危机时刻,起义总指挥部决定提前发动起义。

12月11日凌晨2时许,张太雷、叶挺、叶剑英等人来到教导团驻地四标营,宣布起义提前发动,当场部署了各营、连的战斗任务。之后,叶剑英率领教导团学员,处决了张发奎派来的参谋长和一些反动军官,广州起义爆发了。

凌晨4时,广州城内枪声大作,教导团官兵高举着红旗走上街头,会合工人赤卫队,分头进攻市内敌军驻地。潜伏在警卫团内部的共产党员和工人,也按计划迅速解除了部分反动军官的武装。经过激烈战斗,起义军先后占领了广州市公安局、各区警察署、粤汉铁路黄沙车站、邮政局、电话局、电报局、中央银行、国民党党政机关以及各保安队驻地,释放了被关押在监狱里的全部政治犯。张发奎留在市内的部队,有的反戈,有的当了俘虏,剩下一些负隅顽抗分子,遭到了起义军的狠狠打击,难逃覆灭的下场。至早上6时,起义军控制了广州市大部分地区,并解除了郊区敌步兵团和炮兵团的武装。

11日上午8时,起义军在原广州市公安局处,宣布成立广州苏维埃民主政府。张太雷主持召开了苏维埃政府第一次会议。这次会议,公布了苏维埃政府成员名单：张太雷任人民海陆军委员，叶挺任工农红军总司令，徐光英任工农红军总参谋长。广州苏维埃政府的成立，受到了人民群众的热烈欢迎。当天，两万多名群众加入到起义的行列。他们手持梭镖，颈缠红布，与起义军并肩战斗，其中有不少妇女承担了运输、侦察、救护等工作。广州城到处飘扬着红旗，各个路口都高悬起"打倒国民党反动派"的标语。

广州起义，引起了国内外反动派的恐慌。蒋介石得知消息后，立即致电广东各派军阀，要他们暂时放弃彼此间的争斗，联合起来"协平共乱"。这时，帝国主义列强也不愿坐视红色政权在广州出现，纷纷卷入了这场中国革命力量与反革命力量的角斗中。

12月12日早晨，英、美帝国主义的军舰开始炮击广州市，并派遣海军陆战队在长堤一带登陆，掩护国民党军队向起义军展开猛烈的反攻。在广州城东门、西门，敌人发动了凶猛的进攻，市内残余部队也同时向起义军反扑。

面对中外敌人强大力量的反扑，起义军要坚守广州是不可能的。叶挺提出，起义军应在敌人大部队对广州形成包围之前撤离广州，主动向敌人力量相对薄弱的东北方向转移，以便保存革命力量，开入海陆丰，建立革命根据地。但是，共产国际代表纽曼却提出，广州起义应该采取进攻再进攻的方针，不肯采纳叶挺的意见，认为撤退就是对革命的动摇。结果，原来离开广州的敌人，陆续从江门、韶关、石龙等地赶回广州，对起义军形成包围，起义军很快丧失军事主动权，陷入危险的境地。

在敌强我弱的不利情况下，起义军官兵继续英勇作战。战至12日中午，敌人猛攻观音山，起义军坚守阵地，血战数小时，接连打退了敌人的十余次冲锋。下午，敌人一度占领了观音山，徐向前和陈赓等率领教导团与工人赤卫队奋起反击，又将敌人赶下山头，夺回了观音山炮台。但是，敌人源源不断地开来，已经对起义军形成包围，起义军难以继续坚守阵地。在激烈的战斗中，起义军官兵虽然消灭了很多敌人，但自己的伤亡也很惨重，张太雷不幸在战斗中壮烈牺牲。

13日凌晨4时，敌人兵分四路向广州市内大举进攻。在观音山，敌人用两个团的兵力攻打起义军，起义军经过激烈搏斗后，终因敌我力量悬殊被迫撤离观音山阵地。在广州苏维埃政府和起义总指挥部，战斗也十分惨烈。守卫在这里的工人赤卫队员，一直坚持战斗到下午3时，弹尽援绝后才撤离阵地。这时，起义总指挥部虽然下令撤退，但工人赤卫队员已经来不及撤走了，他们中的大多数人被敌人杀害。

广州起义在中外反动派的联合镇压下，最后失败了。数天之中，有5700多人被屠杀，广州重新陷入反革命恐怖的深渊。广州起义是继南昌起义和湘赣边界秋收起义之后，中国共产党为开辟中国革命新局面的又一次尝试。起义的失败，说明在敌人力量强大的中心城市，革命力量只能采取暂时退却的策略。但是，中国革命并没有因此而停止，因为在这些起义中，中国共产党已经开始了建立人民军队的活动，如同南昌起义和湘赣边界起义一样,广州起义也造就和保存了一支革命武装,由1000余人组成的工农革命军第四师撤离广州后,一部参加了海陆丰地区的革命斗争,一部转移到韶关,参加了朱德、陈毅率领的南昌起义保存下来的队伍。

除以上三次大规模起义外,中国共产党还在许多地区发动了规模大小不等的武装起义,建立和保存了一些革命武装,为红军的创建与发展创造了条件。

在洪湖地区,1927年9月,中共地方党组织发动了沔阳、公安农民起义,之后,农民起义扩展到当阳、江陵、天门、汉川等县。1928年初,中共湘西特委委员周逸群、贺龙来到洪湖地区,将3支起义军共500余人编成工农革命军,在当地展开游击战争。

在黄安、麻城地区,1927年11月,中共地方党组织领导发动了两县农民起义,一度攻占了黄安城,并成立了由300余人组成的工农革命军鄂东军。1928年1月,鄂东军转移到黄陂以北木兰山地区,改编为工农革命军第七军,由吴光浩任军长,戴克敏任党代表。

在海丰、陆丰地区,1927年9月,当地中共党组织为接应南昌起义部队挺进广东,发动了两县农民起义。农民武装与南昌起义、广州起义失败后转移到海陆丰的部队会合,开始了建立红军与开创革命根据地的活动。

在海南岛,1927年9月,中共琼崖特委领导了琼山、定安、文昌、琼东、乐会等地的工农起义,成立了工农革命军。

在确山地区，1927年10月，杨靖宇领导了刘店农民起义，成立了农民革命军。后在敌人的围攻下，农民革命军转移到大别山进行游击战争。

在鄂北地区，中共党组织领导了枣阳农民起义，起义发展到钟祥、南漳、襄阳、光化等县，建立了农民游击队。

在赣西、赣南地区，1927年11月，中共地方党组织领导了万安、吉安等地的起义，建立了工农革命军第五、七、九、十五纵队。

在湘东地区，1927年12月，中共湖南平江县委组织了工农革命军游击大队。1928年2月，由平江县委和醴陵县委发动起义，后起义部队转入农村坚持游击战争。

在弋阳、横峰地区，1928年1月，方志敏、黄道、邵式平等人组织发动了万余农民起义，建立了工农革命军第二军第二师第十四团，起义失败后就地开展游击战争。

在湘南地区，1928年1月，朱德、陈毅率领南昌起义军余部，会合当地农民武装，发动了宜章、郴县、资兴、永兴、耒阳等县的起义，成立了工农革命军第一、三、四、七师和两个独立团，部队总计近8000人。同年4月，湘南起义军向井冈山转移。

在桑植地区，1928年2月，贺龙、周逸群发动起义，建立了一支由3000余人组成的工农革命军，在湘西展开游击战争。

在闽西地区，1928年3月，郭滴人、邓子恢、张鼎丞等人领导了龙岩、上杭、永定等县的农民起义，创建了红军第七军第十九师。

在陕西，1927年10月至1928年初，中共陕西省委分别领导了清涧、渭华起义，建立了西北工农革命军。

另外，中共还在苏北、安徽阜阳、河北玉田、山东阳谷、浙江永康等地，发动了规模大小不等的武装起义。以上这些起义，遍及全国12个省的140余县。这些起义虽然大多失败了，但它们却为土地革命战争时期红军的创立，准备了广泛的干部力量与群众基础。这个时期是中国共产党"彻底的认识军队的重要性的极端紧要的时期"。

## 4 三湾改编　井冈会师

毛泽东领导的湘赣边界秋收起义部队，于1927年9月20日离开湖南浏阳县文家市后，开始向罗霄山脉进军，准备开创适合发展革命力量的农村根据地，并按照中国国情，在敌人统治力量薄弱的地方建立和发展革命武装。

但是，由于反革命势力的强大，起义部队在战斗中屡次失利，使得少数人产生了对革命前途悲观的情绪，尤其是一些来自旧军队的人员，他们难以适应异常艰苦的环境，留恋过去的安逸生活，消极情绪更为显著。在这种情况下，如果不能及时克服部队中存在的消极因素，这支刚刚建立起来的人民军队，不仅难以担当开创革命新局面的重任,还会陷入十分危险的困境。因此,整顿起义部队,就成为关系人民军队是否夭折的急迫问题。著名的"三湾改编",就是为了解决这一急迫问题,它对中国共产党创建人民军队,产生了重要而深远的影响。

秋收起义部队挺进罗霄山脉,于9月29日到达三湾。三湾位于湘赣边界的九陇山区,是茶陵、莲花、永新、宁冈四县交界的地方,共有50余户人家。为了克服部队中因少数人的影响而存在的消极情绪,起义军到达三湾的当天晚上,毛泽东主持召开了前敌委员会会议,决定对部队实行改编。

第二天,部队集合后,毛泽东身着便服,脚踏草鞋,走到队伍的前面。他向全体官兵宣布,起义部队实行改编。为了鼓舞大家继续革命的信心,他作了生动的讲演。毛泽东说:"同志们,敌人只是在我们后面放冷枪,这有什么了不起?大家都是娘生的,敌人他有两只脚,我们也有两只脚……贺龙同志两把菜刀起家,现在当了军长,带了一军人。我们现在不只两把菜刀,我们有两营人,还怕干不起来吗?你们都是起义出来的,一个可以当敌人十个,十个可以当他一百。我们现在有这样几百人的部队,还怕什么?没有挫折和失败,就不会成功!"毛泽东的一席话,给全体官兵很大鼓舞,使大家很快摆脱了消极情绪的影响,重新坚定了胜利的信心。

毛泽东讲完话,部队当场进行改编,把原来的一个师缩编成一个团,番号为工农革命军第一师第一团。

对于那些仍抱有悲观失望情绪的动摇分子，部队做了大量思想工作，最后采取自愿原则，愿留者欢迎，愿走者发给路费，并希望他们离开部队后回家乡继续革命工作。

经过改编，原起义军大多数人继续留在部队，他们中有许多人是经过战斗锻炼和斗争考验的中共党员、青年团员及工农运动的骨干分子，这使得部队更加精干了。为了保持部队的革命性和增强部队战斗力，三湾改编时还规定：军队内部实行民主制度，禁止枪杀逃兵，官长不许打骂士兵，废除烦琐的礼节，士兵有开会说话的自由，官兵待遇平等，连队建立由全体士兵民主选举产生的士兵委员会，在党支部的指导下进行宣传、组织群众的工作，组织领导士兵的文娱生活，监督部队的经济开支和伙食管理。以上措施，一扫封建雇佣军队的作风，充分调动了士兵的积极性。

在起义部队实行改编的同时，毛泽东还特别提出了党支部建在连队上这一重要建军原则。为了使军队成为共产党完成政治任务的工具，毛泽东强调党组织对军队的领导，具体措施是党支部建在连上；班、排设党小组；连以上设立党代表；营、团建立党委会；军队行动及其他重要问题，须经党委讨论决定。这些措施的实施，使军队有了坚强的领导核心。

经过三湾改编和实行支部建立在连上的原则，确立了中国共产党对人民军队的绝对领导，保证了这支军队区别于一切中国旧军队的无产阶级性质，使它成为执行中国革命任务的可靠工具。10月3日，这支由几百人组成的焕发着崭新风貌的人民军队,在毛泽东的领导下,向着罗霄山脉中段的井冈山出发了。

井冈山位于湘赣两省边界,地处罗霄山脉中段,山高崖陡,树密林深,方圆500多里,包括宁冈、永新、莲花县及吉安、安福、茶陵、遂川、酃县等县的部分地区。这里远离城市,敌人统治力量相对薄弱;这里又是两省交界地区,敌人内部容易产生矛盾;这里的各县受过第一次国内革命战争的洗礼,建立过中共党组织和农民协会,群众基础较好;这里还盛产粮食,有一定的给养条件。所有这些,都为人民军队的生存和发展提供了比较优越的条件。同时,由于井冈山位于两省边界,在这里发动土地革命,可以对湘赣两省及两省下游地区产生广泛影响。

10月下旬,毛泽东率领的工农革命军到达井冈山的茨坪后,立即开始在井冈山及其周围地区发动群众,开展游击战争,创建革命根据地。这时,正值国民党新军阀混战,湘赣两省敌军大多卷入进去,井冈山地区仅屯驻战斗力很弱的地方保安队。毛泽东和前委抓住战机,领导工农革命军,于11月和次年1月,先后占领了茶陵、遂川,建立了两县党组织、苏维埃政府和赤卫队。同时,在永新、宁冈、莲花、酃县恢复和建立了党组织和地方武装。原在井冈山地区活动的袁文才、王佐两支农民武装,在毛泽东、何长工等人的联络下,加入了工农革命军,编成第一师第二团。

队伍扩大后,为了进一步加强军队建设以适应斗争需要,毛泽东提出了红军的三大任务:第一,打仗消灭敌人;第二,打土豪、筹款子;第三,宣传群众、组织群众、武装群众、帮助群众建立革命政权。这三项任务,后来逐渐发展为战斗队、工作队、生产队三项任务。一支军队担负三项任务,这在世界军队发展史上是绝无仅有的,它体现了在中国革命特殊环境中的人民军队的鲜明特色。

还在转进井冈山的途中,毛泽东就为红军规定了三项纪律:第一,行动听指挥;第二,不拿群众一个红薯;第三,打土豪要归公。1928年夏,他又向红军提出六项注意:"一、上门板;二、捆铺草;三、说话和气;四、买卖公平;五、借东西要还;六、损坏东西要赔。"(后来又增加了洗澡避女人、大便找厕所、不搜敌兵腰包、进出要做宣传工作等项内容)这些规定,随着军队环境的变化,内容有所改变,最后形成了人民军队的三大纪律八项注意,其内容是,三大纪律:"(一)一切行动听指挥;(二)不拿群众一针一线;(三)一切缴获要归公。"八项注意:"(一)说话和气;(二)买卖公平;(三)借东西要还;(四)损坏东西要赔;(五)不打人骂人;(六)不损坏庄稼;(七)不调戏妇女;(八)不虐待俘虏。"三大纪律八项注意对于密切军队与人民的关系,起到了非常重要的作用,也反映了中国共产党领导下的人民军队区别于其他旧军队的显著特点。

毛泽东还特别阐述了人民军队的宗旨。秋收起义后不久,毛泽东就向参加起义的官兵指出:我们是工农群众的武装,要为工农群众打仗。三湾改编后,尤其是来到井冈山后，红军彻底废除了雇佣制，每一个红军士兵都"感觉不是为他人打仗，而是为自己为人民打仗"，"都知道是为了自己和工农阶级而作战"。后来，毛泽东对人民军队的宗旨作了高度概括："紧紧地和中国人民站在一起，全心全意地为中国人民服务，就是这个军队的唯一的宗旨。"他还提出：为人民服务的宗旨，是人民军队的本质表现，也是我军区别于一切旧军队的最根本标志。

政治上、思想上的军队建设工作，保证了红军从一开始就成为中国共产党完成中国革命任务的武装集团。

红军的发展，也是同敌人坚决斗争的结果。1928年1月中旬，江西敌人开始向井冈山发动第一次进攻，企图一举将红军扼杀在摇篮里。为了粉碎敌人的进攻，毛泽东总结了过去的作战经验，制定了"敌来我走，敌驻我扰，敌退我追"的游击战原则。敌人进占新城后，前委会决定集中力量首先消灭该敌。2月4日，毛泽东亲率工农革命军主力由遂川返回井冈山，经过充分准备，18日拂晓，第一、二团与赤卫队分别从南、北、东三面向新城之敌发起突然进攻。经过数小时激战，全歼敌人一个营，俘敌300余人，打破了敌人对井冈山的第一次围攻。接着，工农革命军乘胜进军宁冈全县，遂川西北部，永新、酃县、茶陵各一部，井冈山革命根据地初步建立。

井冈山工农革命军初战告捷的同时，朱德、陈毅率领的南昌起义部队余部以及广州起义失败后转进韶关的200余人,在湘南再次发动起义,起义部队迅速发展到近8000人,成立了湘南苏维埃政府和宜章、郴县、耒阳等县苏维埃政府。3月下旬,湘粤两省敌人汇集了7个师的强大兵力,向湘南起义军扑来。由于敌我力量对比悬殊,起义军无法在湘南立足,朱德、陈毅遂于4月上旬率部向井冈山转移。这时,毛泽东已经率部进至酃县以南地区,得知朱德、陈毅的部队向井冈山转移,即以第二团西进至资兴,接应从郴县撤出的起义军,然后亲率第一团进至汝城,阻击敌人的追击部队。4月中旬,朱德、陈毅和毛泽东率领的队伍,先后到达宁冈砻市,两支革命队伍在井冈山胜利会师。

井冈山会师,是大革命失败后,经过武装起义而保存的中国共产党独立领导的两支精锐武装的胜利会合。这次会师,大大增强了井冈山革命根据地的军事力量,同时,也为人民军队的继续发展创造了有利条件。两军会师后合编成中国工农革命第四军,朱德任军长,毛泽东任党代表,陈毅任政治部主任,王尔琢任参谋长,下辖3个师。第十师,师长由朱德兼任;第十一师,师长由毛泽东兼任;第十二师,师长由陈毅兼任。全军共万余人,2000多支枪。5月下旬,因给养困难,由湖南农军编成的第三十团和第三十三团返回湖南,师的番号撤销,军直辖4个团,即以南昌起义部队编成的第二十八团,以宜章农军编成的第二十九团,以湘赣边界秋收起义部队编成的第三十一团,以袁文才、王佐部队编成的第三十二团,全军共6000

余人。6月,根据中共中央的决定,工农革命军第四军改称红军第四军。不久,红四军召开了第一次党代表会,选出红四军军委,由毛泽东任书记。

1928年7月,身为共产党员的国民党湖南独立第五师第一团团长彭德怀,与中共湖南省委代表滕代远取得联系后,于22日在平江发动起义。平江起义给敌人以重大打击,同时又建立起一支新的红军部队,即红军第五军第十三师。红五军由彭德怀任军长兼师长,滕代远任军党代表兼师党代表,下辖2000余人。平江起义后,红五军转战于平江、修水、铜鼓、万载。后由于敌人调集重兵围击,红五军作战失利,至10月已减少到1000余人。这时,湘鄂赣三省敌人发起了对红五军的"会剿",红五军突破敌人的包围圈后,黄公略率第二纵队继续留在湘鄂赣边坚持游击战争,彭德怀、滕代远率领700余人的主力部队向井冈山转移。12月10日,红五军主力到达宁冈,与井冈山上的红四军会师。这次会师,再次壮大了井冈山红军的声威。

从八一南昌起义开始,经过一年多的时间,中国共产党与中国人民几经奋战和牺牲,终于在井冈山创建了一支比较正规的人民军队。尽管这支军队当时还很弱小,但是由于在中国共产党的领导下,它具备了区别于一切中国旧军队的先进性质,并且在中国社会条件下找到了适合生存与发展的环境,这就使得它必然会由弱小变得强大起来,成为中国民主革命赖以成功的重要军事力量。

# 二 十年风雨中的工农红军

## 星星之火　可以燎原

1928年6月至7月，中国共产党第六次全国代表大会在莫斯科召开。在军事方面，大会提出的方针是：在游击战争中建立、发展正式的红军，巩固党对红军的领导；培养、训练党员和干部，造就大批德才兼备的军事人才；在红军中建立政治部，加强政治工作。这些方针，对于红军建设具有积极的指导作用。但是，关于如何在游击战争中发展红军以及采取怎样的武装斗争道路等问题，中共六大并未解决。而毛泽东等红军将领，却在土地革命的战争实践中，逐渐找到了解决以上问题的方法。

1928年10月和11月，毛泽东先后写了《中国的红色政权为什么能够存在》和《井冈山的斗争》两篇文章，初步论述了红军在敌人统治力量薄弱的农村和山区建立革命政权，实行工农武装割据的可能性。但是，当时仍然有人怀疑红军在农村的斗争是否可以坚持下去，提出了"红旗到底可以打多久"的问题。针对这些疑问，毛泽东在1930年1月所写的《星星之火，可以燎原》这篇文章里做了回答。他指出：必须认识红军、游击队和红色政权的建立和发展，是半殖民地中国在无产阶级领导之下的农民斗争的最高形式；武装斗争、土地革命和根据地建设是互为依存、紧密相连的；被敌人包围的小块红色政权，经过长期的、艰苦的斗争，是能够发展扩大到全国的。毛泽东的以上文章，从理论上解决了中国革命的道路问题。在这一理论指导下，红军迅速在敌人统治力量薄弱的农村发展壮大，开创了中国革命的新局面。

**赣南、闽西地区红军的发展** 1928年，红四军与红五军会合，这引起了国民党的极大恐慌。1929年1月，湘赣两省国民党军即计划以6个旅3万人的兵力分三路向井冈山发动进攻，妄图一举将红军消灭在萌芽中。为了粉碎国民党军的进攻，红四军军委和红五军军委举行联席会议，决定采取攻势防御的作战方针：由彭德怀、滕代远率领红五军主力和红四军第三十二团留守井冈山；由毛泽东、朱德、陈毅率领红四军主力向赣南出击，打破国民党军的包围封锁，在外线配合作战。

1月14日，红四军主力离开井冈山向赣南出动，吸引了国民党军3个旅追来。26日，国民党军另外3个旅向黄洋界、八面山、桐木岭发起猛攻。守卫井冈山的红军与当地群众奋起抗敌，激战4昼夜，打退了国民党军的多次进攻，终因敌众我寡，井冈山于30日失守，红五军主力转移赣南。2月底，由于国民党蒋桂战争爆发，进攻井冈山的国民党军大部撤走，红军乘势反攻，恢复了井冈山根据地。

转移赣南的红四军主力，于2月9日到达瑞金以北的大柏地、隘前地区。这时，江西国民党军刘士毅部两个团追踪而来，红四军前委立即决定首先歼灭该部敌军。10日，红军一部将刘士毅部诱至大柏地附近红四军主力伏击地。次日晨，红军向大柏地国民党军发动突然袭击，仅数小时激战，歼灭大部，俘获团长以下800余人，缴枪800余支。大柏地战斗胜利后，红四军主力挥师北上，在吉安与江西红军独立第二团会合。为了摆脱国民党军的追击，红四军又转移到赣闽边界。3月14日，红军出敌不意，一举攻占福建的长汀，歼灭2000余人。之后，红四军在闽西20余县广泛发动游击战争，为建立新的根据地打下了基础。5月19日，红四军再次入闽，先后三次攻克龙岩，占领永定，共歼灭国民党军2000余人。8月，闽粤赣三省国民党军对闽西地区红四军发动"会剿"，红四军分兵两部，一部出击闽中，在外线扰乱国民党军；一部在闽西根据地内与国民党军周旋，断敌交通和粮源，打得国民党军难以立足，仓皇逃遁。红四军乘胜出击，一举攻占上杭，歼灭2000余人，缴枪1000余支。10月，红四军又进军东江，一度占领梅县。

1930年1月，国民党军对闽西根据地发动了第二次"会剿"，红四军全部转移到江西，留闽西地方武装坚持斗争。粉碎国民党军的"会剿"后，闽西地方武装合编成红军第九军（不久改称红十二军），随后又成立了红军第二十军和第二十一军。随着闽西根据地的扩大，闽西苏维埃政府成立，由邓子恢任苏维埃主席。在闽西苏区内，人口近百万，有6个县苏维埃政府，赤卫队员3万余人，还建立了工厂、商店、学校、医院、银行，使根据地在政治、军事、经济等方面有了全面的发展。

在赣南地区，江西红军第二、第四团粉碎国民党军的"会剿"后，也开始建立苏维埃政权。至1930年1月，赣南红军4个团和赤卫队合编成红军第六军，由黄公略任军长，共有2000余人。

1930年2月，红四、红五、红六军军委在吉安陂头召开联席会议，决定成立统一领导红军的前委会，由毛泽东任前委书记。2月下旬，国民党军对赣西南地区发动新的"会剿"，红六军采取诱敌深入的作战方针，一举歼灭1个旅，俘获1600余人，缴枪3000余支。不久，赣南又成立了红军第二十二军（陈毅任军长）和第三十五军（邓毅刚任军长）。

**湘鄂赣边和湘赣边地区红军的发展** 1929年6月，国民党军5个团联合反动地主武装向湘鄂赣边红军发动"会剿"，一个月内屠杀苏区人民数万人。驻扎在这里的红五军第二纵队，在黄公略的领导下，与敌人展开了顽强的斗争。半年里，红军作战数十次，歼敌数千人，缴枪2000余支，初步巩固了湘鄂赣苏区。

在湘赣边地区，1929年5月，红五军返回宁冈后，一面会同留守在井冈山根据地的红军与国民党军展开游击战争，一面向湘粤赣地区出击。1930年春，红五军3个纵队和红六军主力先后攻克安福、分宜、宜春、路口等地，歼灭国民党军1000余人，缴枪1000余支。至7月，湘赣边苏区已扩大到16个县，并成立了红军第二十军，曾春辉任军长。

**湘鄂西地区红军的发展**　1929年3月，红四军集中兵力在桑植、鹤峰、五峰等地击退了国民党军的进攻，6月占领了桑植县城，7月又歼灭来犯的国民党军2000余人，缴枪1000余支。9月，国民党军重兵对桑植发动进攻，红四军转移至鄂西，随后分兵一部坚持湘鄂边苏区斗争，主力沿湘鄂两省边界向东发展。

1929年3月，在洪湖地区的红军鄂西游击队乘蒋桂战争爆发之际，向国民党军发起进攻，连续取得21次战斗的胜利。6月下旬，鄂西游击队扩大为游击总队，由周逸群任总队长。1930年春，鄂西游击总队继续扩大，改编成红军第六军，孙德清任军长，周逸群任政治委员。

**鄂豫皖地区红军的发展**　1929年春，中共鄂东北党组织建立了红十一军第三十一师，由吴光浩任军长兼师长。5月，吴光浩牺牲，部分干部转移到商城南部，又建立起红军第三十二师。6月至10月，国民党军对红军第三十一、三十二师连续发动三次"会剿"，红军采取内外线两面作战的方针，击溃了国民党军的"会剿"，并在皖西成立了红军第三十三师。1930年4月，红军第三十一、三十二、三十三师合编为红军第一军，许继慎任军长，曹大骏任政治委员。

**赣东北、闽北地区红军的发展**　1929年4月，赣东北红军第二军第二师第十四团改称江西红军独立第一团,在弋阳、横峰北部山区建立了根据地。10月,信江苏维埃政府成立,方志敏任主席。1930年7月,随着赣北红军的扩大,成立了红军第十军,周建屏任军长,吴先民代理政治委员。

1930年1月,闽北地区红军游击队编为红军闽北独立团。3月,独立团发展到1200余人。7月,闽北红军归信江苏维埃政府领导。

**广西右江地区红军的发展** 1929年夏,中共中央派邓小平、张云逸等人前往广西开展工作。12月,邓、张率广西警备第四大队在百色起义,成立红军第七军,张云逸任军长,邓小平任政治委员。1930年2月,国民党地方将领李明瑞、俞作豫在邓小平的指导下,率领广西警备第五大队在龙州起义,成立红军第八军,俞作豫任军长,邓小平兼政治委员,李明瑞任红军第七、第八军总指挥。

除上述地区红军的创立和发展外,还有广东成立了红军第十一军,浙江成立了红军第十三军,江苏成立了红军第十四军,四川成立了川东红军游击队,海南岛成立了琼崖红军独立师。

为了适应红军发展的需要,1930年5月,中央红军代表会议决定,红军分别集中组成军团,军团以下设立军、师、团、营、连、排等单位。此后,各地红军先后进行如下整编。

赣南、闽西苏区红军组成红军第一军团,朱德任总指挥,毛泽东任政治委员;湘鄂西苏区红军组成红军第二军团,贺龙任总指挥,周逸群任政治委员;湘赣和湘鄂赣苏区红军组成红军第三军团,彭德怀任总指挥,滕代远任政治委员;鄂豫皖苏区红军组成红军第一军,许继慎任军长,曹大骏任政治委员;赣东北苏区红军组成红军第十军,方志敏任军长(后为周建屏),邵式平任政治委员;左右江苏区红军组成红军第七军,张云逸任军长,邓小平任政治委员。

1930年8月,红军第一、第三军团在浏阳永和市会师后召开两军团前委联席会议,决定合编为红军第一方面军,朱德任方面军总司令,毛泽东任总政治委员和总前委书记,总兵力达4万人。同时,根据中共中央指示,成立中国工农革命委员会,毛泽东任主席。赣西南、闽西根据地被称做"中央苏区",红军第一方面军,后被称做中央红军。

随着红军的发展壮大,红军的思想建设成为十分急迫的问题。由于红军所处的环境,使得大部分成员不可能直接来自无产阶级,红军内部因此不可避免地存在着极端民主化、非组织观点、绝对平均主义、主观主义、个人主义、流寇思想、盲动主义、军阀主义、雇佣观念等各种非无产阶级思想,严重地妨碍了红军中正确政治路线的执行。

为了克服错误思想,保持红军的无产阶级先进性,毛泽东从井冈山时期就十分重视红军的思想建设。1929年底,在中共中央的支持下,红四军在福建上杭古田召开了第九次党代表大会,即著名的"古田会议"。陈毅在会上传达了中央给红四军前委的指示信,信中肯定了毛泽东的建军思想。根据毛泽东的建军思想，形成了古田会议决议。决议总结了红军的建军经验，明确规定：红军是一个执行革命的政治任务的武装集团，它除了打仗消灭敌人军事力量之外，还要担负宣传群众、组织群众、武装群众、帮助群众建立革命政权以至建立共产党的组织等项重大任务。因此，军事必须服从政治，红军必须置于中国共产党的绝对领导之下；红军应当首先从思想上建党，加强马克思列宁主义教育，开展批评与自我批评，克服各种非无产阶级思想，厉行集中指导下的民主生活；红军还要正确处理内部与外部的关系，做到官兵一致、军民一致，坚决执行革命的纪律和宽待俘虏的政策等。古田会议决议解决了红军在农村游击环境中保持无产阶级性质的问题，因而它是中国人民军队建设史上的一个重要里程碑。红四军的建军原则，由中共中央先后介绍到各个苏区红军，使全国红军的思想建设都有了很大提高。

红军还在战争中不断完善自己的组织形式，除完成上述红军军团以下的各级建制外，还逐渐设立了司令部、政治部、供给部、军医处；司令部下设作战、侦察、交通等部门；政治部下设组织、宣传、政务（后称群工）、白军（又称破坏）等部门。这些部门的建立，使红军的组织形式更加完善起来。随着苏区的发展扩大，1931年还成立了红军军政学校（1933年改为红军大学），培养红军指挥员，并开办特科、供给、卫生、通讯等学校，为红军培养了大批专门人才。

在红军正规部队发展扩大的同时，各个革命根据地的农民赤卫队也有很大发展，他们经常配合正规红军执行战斗任务，是革命根据地人民武装的重要组成部分。从这时开始，中国共产党领导的革命武装力量，就包括了主力红军、地方红军和群众赤卫队，这种三位一体的特殊军事体制，反映了中国人民军队的特点。后来的实践证明，在敌强我弱的条件下，这种军事体制，不仅有利于实行人民战争，而且能够在战争中有效地消灭敌人。

从1927年开始，中国红军经过三年的战斗洗礼，从无到有，从小到大，到1930年夏，已经发展到近10万人。中国红军的足迹遍布全国10余省100余县。在中国反革命的强大统治之下，红军以坚持不懈的农村游击战争，创造了许多根据地，并逐渐连成了10余块较大的红色苏区，而这些红色苏区，就如同在黑暗中点燃的星星之火，必将发展成燎原之势。

## 破敌"围剿" 四奏凯歌

中国工农红军的发展和革命根据地的扩大，引起了反动派的恐慌。1930年10月，国民党新军阀内部的蒋（介石）、阎（锡山）、冯（玉祥）中原大战结束后，国民党即在三届四中全会上制订了"剿共"计划，扬言要在6个月内肃清红军。由于中央根据地的红一方面军是当时全国红军的主力，因此国民党将它作为"围剿"的重点，连续发动进攻。面对国民党军的进攻,中央根据地红军毫不畏惧,在毛泽东、朱德等人的领导下,成功地粉碎了敌人的四次"围剿",保卫了中央根据地。

**第一次反"围剿"斗争的胜利** 1930年10月,蒋介石在庐山召集湘鄂赣三省主席会议,部署对中央根据地红军的第一次"围剿"。蒋介石任命江西省主席兼第九路军总指挥鲁涤平为"剿匪"军总司令,第十八师师长张辉瓒为前线总指挥,统率10万大军,兵分八路,采取"长驱直入,分进合击"的作战方针,东起建宁,西至吉安,自北而南,在500里战线发起猛烈攻势,企图一举将红一方面军主力消灭在赣南苏区内。当时,中央根据地红军总计有4万余人。根据敌强我弱的形势,毛泽东提出诱敌深入,集中兵力歼敌于运动中的作战方案。11月1日,红一方面军总部下达了"诱敌深入赤色区域,待其疲惫而歼灭之"的命令。

5日,国民党军开始进攻,红军主力向苏区中部转移,集结在黄陂、小布、洛口、平田、麻田等地,诱使国民党军步步深入。12月中旬,国民党军由吉安、建宁一线,推进至中央根据地腹地。下旬,国民党军主力第十八师与第五十师分别进至东固和源头。红军决定首先消灭这两师国民党军。30日晨,以张辉瓒为首的第十八师由南陇进入龙岗地区的红军伏击圈,红军反攻的战斗在这里首先打响。激战至下午3时,红军主力已经形成对第十八师的包围,旋即发动总攻。黄昏的时候,龙岗战斗结束,红军共歼灭第十八师

9000余人,缴枪9000余支,活捉了国民党军前线总指挥张辉瓒。龙岗战斗后,深入到苏区腹地的其他各路国民党军不敢久留,纷纷撤出了苏区。乘国民党军仓皇逃窜之际,红军又于1931年1月3日,在东韶歼灭了国民党军第五十师的1个多旅,缴获各种武器2000余件。至此,红一方面军取得了第一次反"围剿"斗争的胜利,总计歼灭国民党军1.5万余人,缴获各种武器1.2万余件。接着,红军乘胜转入进攻,经过两个多月的战斗,捣毁了苏区周围一些反动武装的据点,巩固和扩大了苏区,红军的武器装备也有很大的改善,这就为粉碎国民党新的"围剿"准备了充分的条件。

**第二次反"围剿"斗争的胜利** 蒋介石不甘心第一次"围剿"红军的失败,于1931年2月,任命何应钦为"陆海空军南昌行营主任",调集20万重兵,又开始组织对中央根据地的第二次"围剿"。鉴于第一次"围剿"中"长驱直入"作战方式招致的惨败,国民党军这次"围剿"采取了"稳扎稳打,步步为营"的战略,并在军事进攻的同时,对中央根据地实行经济封锁,妄图将红一方面军和中央根据地的人民困死。3月,国民党军兵力调集完毕,开始向中央根据地发动进攻。此时,红一方面军不足4万人,敌我兵力相差悬殊,因此有人主张将红军分散到苏区以外打游击,也有人主张红军放弃中央苏区,到西南建立新的根据地。毛泽东分析形势后认为,有红军士气高、群众拥护红军和红军对地形熟悉等有利条件,继续采取"诱敌深入"的作战方针,能够在内线消灭来犯之敌。根据毛泽东的意见，红一方面军制订了"诱敌深入，避敌主力，打其虚弱，乘退追歼"的作战方案。

4月1日，国民党军分兵四路向中央根据地发动进攻。按照"稳扎稳打，步步为营"的战略，国民党军每进占一处地方，即构筑工事。至4月23日，国民党军已推进至江背洞、富田、水南、界上、横石、广昌一线。这时，红军主力秘密集结于东固及其以东地区，等待歼敌时机。5月中旬，国民党军王金钰第二十八师和第四十七师1个旅，脱离富田坚固阵地向东固方向进犯。红军立即抓住战机，乘国民党军移动之际，于16日向其发起突然袭击，经过一天激战，将其大部歼灭，缴枪5000余支，火炮30余门，取得反攻首战的胜利。红军乘胜扩大战果，19日，在白沙歼灭国民党军第四十七、四十三师各一部；22日，在中村歼灭国民党军第二十六路军1个旅；27日，红军攻克广昌，歼灭国民党军第六路军第五师一部；31日，红军攻克建宁，歼灭国民党军第五十六师3个团。至此，经半个月战斗，红军横扫700里，连续打了5个大胜仗，共歼灭国民党军3万余人，缴枪2万余支，彻底粉碎了国民党的第二次"围剿"。接着，红军乘胜转入进攻，占领了闽西、闽西北、赣东、赣南广大地区，进一步扩大了根据地，并新组建了红军独立第四、第五师。

**第三次反"围剿"斗争的胜利** 第二次"围剿"红军失败后，蒋介石气急败坏，迅速调动兵力，准备对红军发动更大规模的"围剿"，企图置红军于死地。

1931年6月,蒋介石亲自出马,担任"围剿"军总司令,带着德国、日本和英国军事顾问坐镇南昌,由何应钦出任前敌总指挥,统率30万兵力,气势汹汹地对中央根据地发起了第三次"围剿"。国民党军的这次"围剿",采取了"长驱直入,分进合击"的战略战术。此次"围剿"国民党军兵分三路,由蒋介石的10万嫡系部队担任中路主攻任务,企图将红一方面军压到赣江边上加以消灭,然后乘势"清剿"各地红军,达到"永绝后患"的目的。这时,中央根据地的红军只有3万余人,分散在闽西北、闽西和赣南等地,敌我力量相差悬殊。为了粉碎国民党军的"围剿",红一方面军临时前委决定,仍然采取"诱敌深入"的战略方针,以红军少数兵力,在地方武装、赤卫队的配合下,迟滞敌人的正面进攻;红军主力迅速移至赣南兴国地区,待机歼敌;由广西右江根据地开来的红七军东渡赣江,协同红一方面军反"围剿"作战;苏区内实行坚壁清野,并袭扰敌人,使其无法立足。

7月1日,国民党军开始向中央根据地发起进攻。至7月下旬,国民党军一直没有找到红军主力,却不断遭到红军和赤卫队的袭扰,被弄得疲惫不堪。7月底,国民党军发现红军主力集结在兴国,于是向这里扑来。红一方面军总部当机立断,以一部兵力继续吸引敌人,另以主力实行中间突破,击敌较弱的第三路军。8月5日,红军主力乘夜从崇贤、兴国国民党军之间通过40里空隙地带,秘密东进莲塘。7日,红军在莲塘与国民党军第三路军展开激战,歼灭第四十七师2

个旅，接着又在良村歼灭第五十四师师部及2个旅。之后，红军主力用3天时间运动到黄陂附近，于11日攻克黄陂，歼灭国民党军第八师约4个团。红军三战三捷后，国民党军主力掉头向东扑来。毛泽东、朱德利用国民党军害怕红军攻打南昌的心理，命令红军佯动，将敌主力引向临川（抚州）方向，红军主力则在国民党军间20里空隙中穿过，由东向西回到兴国。及至国民党军发现红军主力已经西返，红军已经休整了半个月，国民党军却没有得到一点休息时间，整日狼奔豕突，经常喝不上水，吃不上饭，已经疲困到了极点，士气一落千丈。正当"围剿"红军的国民党军进退维谷的时候，又发生两广军阀乘机进兵衡阳的事端，蒋介石恐有不测，只得下令从苏区撤退。红军抓住战机，向撤退的国民党军发起猛攻。9月7日，红军在老营盘歼灭国民党军第九师1个旅；15日，在方石岭歼灭第五十二师全部。此次战斗，红三军军长黄公略不幸牺牲。至此，国民党对中央根据地的第三次"围剿"被彻底粉碎。在这次反"围剿"斗争中，红军同10倍于己的国民党军奋勇作战，取得了歼灭3万余人、缴枪3万余支的辉煌战绩，这在中国军事史上，甚至世界军事史上，成为以少胜多的典型战例。

  红一方面军三次反"围剿"斗争的胜利，沉重地打击了国民党蒋介石。红军和苏区不仅没有被消灭，而且还在反"围剿"斗争胜利后继续发展和扩大。随着红军反"围剿"胜利后转入进攻，赣南和闽西两块根据地连成了一片，发展到21个县境约5万平方公里，有250万人口。中央根据地进入了全盛时期。

**第四次反"围剿"斗争的胜利** 1931年9月18日，日本关东军侵犯沈阳，蒋介石命令中国军队不准抵抗，使日本关东军很快侵占了中国东北三省。九一八事变发生后，中国面临着继续丧失领土和主权的危险，但是，国民党蒋介石却不顾民族利益，奉行"攘外必先安内"的反动政策，继续"围剿"红军。1932年12月，蒋介石亲临南昌坐镇指挥，由何应钦任总司令，调集30多个师40万兵力，分左、中、右三路，以陈诚任中路军总指挥，率12个师担任"主剿"，以蔡廷锴为左路军总指挥，余汉谋为右路军总指挥，采取"分进合击"的战略方针，准备一举歼灭中央根据地红军主力于黎川、建宁地区。

国民党蒋介石的倒行逆施，早已激起了全国人民的极大愤懑。九一八事变后，各界爱国人士就纷纷要求停止内战、一致抗日。国民党内部也开始分化，一些爱国将领不愿再把枪口对准红军。1931年12月14日，被调往江西"围剿"红军的国民党第二十六路军1万多人，在赵博生（中共党员）、董振堂的率领下，在宁都宣布起义，加入红军。以上情况表明，日本的侵略已经使中国革命形势发生了变化，全国范围内的抗日民主浪潮正在形成。在这种形势下，如果中国共产党能够实行正确的路线和政策，就能推动中国革命向着有利的方向发展。但是，中共中央这时却正处于王明"左"倾机会主义路线的统治之下，对于日本侵略引起的中国阶级关系的变化缺少正确的认识，排斥共产党以外的抗日反蒋力量，使自己陷入孤立的境地，白区党组织遭到严重破坏，各苏区红军也遭受到不同程度的损失。具有丰富指挥作战经验的毛泽东，受到"左"倾中央的指责，被迫离开红军的领导岗位。在这种情况下，中央根据地红军的反"围剿"斗争，变得复杂和艰巨起来。

1933年1月，国民党军对中央根据地的第四次"围剿"开始了。当时中央根据地红一方面军共有7万余人，朱德任总司令员，周恩来任政治委员。中共临时中央不顾敌我力量对比悬殊，决定以进攻战略来破坏国民党军的"围剿"。周恩来请求改变进攻计划，提出在运动战中寻机消灭敌人有生力量。中共临时中央拒绝了周恩来的意见，强令红一方面军首先围攻南丰。周恩来与朱德商议后决定：按命令准备强攻南丰，但强攻不成时撤围打援；打援不成时转至宜黄、乐安地区，在山地运动战中消灭敌人。这个作战部署说明，红一方面军第四次反"围剿"斗争，主要还是采取了过去反"围剿"斗争中的战略战术原则。

2月12日，红军对南丰发动了进攻，经过一昼夜激战，未能攻破国民党军阵地。在攻南丰不下，而国民党军以优势兵力向红军进逼的形势下，朱德、周恩来采取机动灵活的战术，命令红军撤离南丰，以一部兵力伪装主力，将国民党军第二、第三纵队向黎川方向吸引，红军主力则秘密撤至广昌以西的东韶、洛口、吴村地区，待机歼敌。26日，国民党第一纵队为配合其主力寻歼红军于黎川，以右翼第五十二、五十九师由乐安分两路向宜黄南部的黄陂地区开来。这时,红军主力已经秘密北进,在黄陂以西地区隐蔽起来。由于红军行动迅速,加之山高林密,国民党军始终没有发现红军主力的去向。27日,国民党军第五十二、五十九师进入红军预设阵地,红军突然发动进攻。经过两天激烈战斗,将国民党军大部歼灭,第五十二师师长李明、第五十九师师长陈骥时被俘。战斗结束后,红军迅速撤离战场,秘密转至洛口、南团地区,一面休整,一面待机继续歼敌。

3月中旬,国民党军中路军改变作战部署,由"分进合击"变为"中间突破",把6个师分成前后两个梯队,由宜黄经东韶、甘竹向广昌进攻。根据情况的变化,红一方面军以小部兵力在广昌以北吸引并阻击国民党军,红军主力则隐蔽在国民党军右侧的洛口、东韶、南团、小布地区,布下歼敌的罗网。20日,国民党军前梯队已进至甘竹、罗坊、洽村一带,而后梯队还在百里之外的草台岗、徐庄地区。红军歼敌的时机出现了。21日拂晓,红一方面军主力突然向草台岗国民党军后梯队第十一师发起进攻,激战一日,第十一师大部被歼,师长萧乾亦被击伤。

经黄陂、草台岗两段,红军歼灭国民党军近3个师,俘虏敌人万余名,缴枪万余支。蒋介石对中央根据地的第四次"围剿",也宣告破产了。

在中央根据地粉碎国民党军四次"围剿"的同时,其他根据地的红军也先后进行了反"围剿"斗争。

红军反"围剿"斗争的胜利,不仅沉重打击了国民党蒋介石，也使红军自身力量得到了很大的发展。中央根据地的红军，由反"围剿"前的4万余人，发展到了8万余人。红军的武器装备，也有了很大改善。红军用反"围剿"战斗中缴获的火炮，建立、装备了自己的炮兵团；用缴获的无线电台，成立了自己的通讯队。另外，由于反"围剿"胜利后根据地的巩固和扩大，红军还建立了自己的兵工厂，装配和制造了大量武器。如在兴国的中央军委兵工厂，共装配和修理了4万多支步枪、2000多挺机枪、100多门迫击炮，制造了40余万发子弹和6万多枚手榴弹；鄂豫皖红军兵工厂，也生产出大量步枪、子弹、手榴弹和地雷。红军装备改善后，由单一的步兵作战发展到炮兵、工兵和无线电通讯兵的协同作战，战斗力有了较大提高。

中央根据地红军，能够连续取得四次反"围剿"斗争的胜利，主要原因是实行了正确的战略战术原则。红军长期处在敌强我弱的战争环境中，为了生存和发展，必须有一套自己的战略战术原则。这些战略战术原则主要不是来源于书本，而是来源于战争的实践。在反"围剿"战争实践中，红军不断总结经验，摸索中国革命战争的规律，逐渐形成了一套符合中国实际情况的战略战术原则。中国政治经济发展的不平衡和共产党领导的土地革命，决定了红军能够发展和战胜敌人；敌强我弱，又规定了中国革命战争的持久性。红军的一切战略战术原则，就是依据中国革命战争基本规律的这两个方面而制订的。这些原则主要包括：充分依靠人民群众；正规军和地方军、赤卫队相结合，武装群众和非武装群众相结合；实行"敌进我退，敌驻我扰，敌疲我打，敌退我追"的游击战方针；实行诱敌深入，集中兵力打速决战、歼灭战的运动战方针，等等。红军的这些战略战术原则，被反"围剿"战争的实践证明是符合中国革命战争规律，能够使红军保存和发展自己并战胜强大敌人的正确原则。

## 3 红军不怕远征难

国民党蒋介石对红军的第四次"围剿"失败后，仍继续执行"攘外必先安内"的政策，于1933年夏开始，又准备对红军发动更大规模的第五次"围剿"。为了这次"围剿"，蒋介石向美、英、德、意等帝国主义国家大量借款，购买飞机、大炮，并聘请外国军事顾问和专家；在庐山举办军官训练团，编印《剿匪手册》，制订"围剿"计划。9月，蒋介石调集约100万军队，开始向红军"围剿"。中央根据地仍然是国民党军"围剿"的重点，国民党军投入的兵力多达50万人。国民党军的"围剿"部署是：顾祝同任北路军总司令，下辖第一、二、三路军，总计33个师又3个旅，担任对中央根据地的主攻；陈济棠任南路军总司令，下辖11个师又1个旅，负责阻击红军向南发展；另外蔡廷锴第十九路军和福建驻军共10余个师防堵红军东进和南撤；以赣江流域和赣东北地区共15个师就地防守策应"围剿"主战场；以5个空军队配置在南昌、抚州、南城，协同步兵作战。

当时，中央根据地红军共有 8 万余人，敌我力量对比虽然仍很悬殊，但红军士气高涨，并已取得丰富的反"围剿"斗争经验，打退国民党的第五次"围剿"是完全可能的。不幸的是，第五次反"围剿"斗争开始时，红军的指挥权已经掌握在执行王明"左"倾机会主义路线的人手中，特别是共产国际派来担任红军军事顾问的李德，不顾中国革命战争的特点，用教条主义的方式指挥红军作战，很快就使红军陷于被动地位。战役的最初阶段，李德等人反对诱敌深入的红军一贯作战原则，提出"御敌于国门之外"的口号，指挥红军向国民党军全线进攻，实行进攻中的冒险主义。进攻失利后，李德等人又错误地提出以堡垒对堡垒、"短促突击"等阵地战方针，否定游击战和运动战的正确原则，实行防御中的保守主义，结果造成红军的重大伤亡，丧失了根据地的大片地区。

此时，红军虽然陷入被动地位，但还有转危为安的很大希望。11 月 20 日，国民党军第十九路军将领蔡廷锴、陈铭枢、蒋光鼐、李济深等人宣布抗日反蒋，成立福建人民政府，准备与红军签订协定。福建事变发生后，毛泽东等人主张，乘蒋介石抽兵镇压第十九路军之际，红军主力突进到以浙江为中心的苏浙赣皖地区，在敌人身后形成威胁，就有可能调动敌人回援，从而粉碎敌人的"围剿"，并援助福建人民政府，增加抗日反蒋力量。但是，毛泽东等人的正确意见没有被中共中央"左"倾领导者采纳，后者认为，中间派是最危险的敌人，因此他们不仅不去援助第十九路军，反而命令红军转向西线永丰，进攻国民党军的堡垒，使第十九路军单独与蒋介石的军队作战，结果，福建人民政府很快瓦解，蒋介石得以重新集中力量"围剿"红军。至1934年9月下旬，中央根据地仅剩瑞金、兴国、零都等县之间的狭小地区，红军已经没有可能打退国民党军的"围剿"了。10月，中共中央与革命军事委员会决定，除少数红军留守根据地坚持斗争外，主力红军实行战略转移，二万五千里长征就这样开始了。

红一方面军主力长征前，中共中央和中央军委先后派出抗日先遣队北上和红六军团、红二十五军西征。

1934年7月，由寻淮洲等人领导的红七军团组成抗日先遣队，奉命北上。11月，抗日先遣队与闽浙赣根据地方志敏领导的红十军会合，组成红十军团继续北上。抗日先遣队屡遭国民党军队堵截，寻淮洲在战斗中牺牲，方志敏被敌人俘获后英勇就义，粟裕率先遣队余部转移至闽浙边坚持游击战争。

1934年8月，任弼时奉命率红六军团从湘赣根据地突围西征。10月，红六军团到达黔东，与贺龙领导的红二军团会合，向湘西国民党军发动进攻，建立了湘鄂川黔根据地。

1934年11月，吴焕先、程子华、徐海东、郑位三等奉命率领红二十五军从鄂豫皖根据地西征。12月，红二十五军进入陕南，开辟鄂豫陕游击根据地。1935年上半年，红二十五军继续北上，9月到达延川的永平镇，与刘志丹率领的陕北红军会合。

上述各部红军行动,对红一方面军的战略转移,起了配合作用。

1934年10月,红一方面军与中共中央机关,从福建的长汀、宁化和江西的瑞金、雩都等地出发,向湘西方向转移。长征开始后,"左"倾机会主义者又在军事上犯了逃跑主义的错误。在他们的错误指挥下,红军的战略转移成了被动的大搬家,带着一切坛坛罐罐,红军只能消极抵挡国民党军的拦截,而不能主动出击。10月25日,红军在王母渡、新田之间突破了国民党军的第一道封锁线;11月8日,红军在汝城以南天马山至城口间突破了国民党军的第二道封锁线;11月15日,红军在良田至宜章间突破了国民党军的第三道封锁线;11月27日,红军开始渡湘江,这里有国民党军的第四道封锁线。由于道路狭窄,辎重过多,行进速度迟缓,部队首尾相距已达200里远,给渡江造成严重困难。这时,国民党军重兵向红军发起了全面进攻。红军官兵英勇奋战,血染湘江。12月1日,红军终于渡过湘江,突破了国民党军的第四道封锁线。这时,红一方面军牺牲惨重,已由出发时的8万多人,减少到不足4万人。

红军长征初期的被动挨打局面,引起了广大红军指战员的强烈不满。但"左"倾领导者却不愿改变作战计划,坚持向国民党军部署五六倍于红军兵力的黔阳、洪江等地区前进,幻想到达湘西与红二、六军团会合。红一方面军面临着全军覆没的危险。在这危急关头,毛泽东果断提出,改变原来北上计划,向敌人力量薄弱的贵州前进，甩开敌人，争取主动，打几个胜仗，为部队创造休整的机会。党中央接受了毛泽东的正确意见，红军占领通道后转兵进入贵州东部的黎平。12月18日，中共中央在黎平召开政治局扩大会议，通过了关于在川黔边建立新根据地的决议。会后，红一方面军向贵州北部前进，于1935年1月7日占领了黔北重镇遵义。

1935年1月15日至17日，中共中央政治局扩大会议在遵义召开。会议总结了红军第五次反"围剿"失败的教训，肯定了毛泽东为红军制订的一系列正确的战略战术原则；撤销了李德等人的军事指挥权，决定由周恩来、朱德指挥军事。会后不久，又成立了以毛泽东、周恩来、王稼祥组成的三人军事指挥小组，统一指挥红军的行动。遵义会议，结束了"左"倾机会主义在中共中央的统治，确立了以毛泽东为代表的新的中央的正确领导，从而在极其危急的情况下，挽救了中国共产党和红军，中国革命的前途出现了光明。

遵义会议后，红一方面军进行整编，精减机关，加强作战部队，丢掉笨重的辎重，轻装前进，部队的战斗力得到显著的提高。根据中共中央和中央军委决定，红一方面军于1月19日离开遵义，分三路北上，准备进入四川西北创建新的根据地。蒋介石为了阻止红军北上，调集了川、黔、湘、滇四省国民党军及广西国民党军一部，气势汹汹地向遵义地区扑来。此时，红军在毛泽东等人的指挥下，恢复了机动灵活的运动战方针，很快在军事上取得了主动。

1月29日,红军在川黔边界土城地区与川黔国民党军各一部交火,国民党军援兵到来前,红军一渡赤水,已向古蔺、叙永地区转移。由于国民党军在长江两岸集结了重兵,红军决定暂停北渡长江的计划,在川黔滇边界与敌人周旋。2月9日,红军在扎西吸引国民党军追来时,突然掉头东进,向国民党军力量薄弱的桐梓、遵义前进。2月18日,红军在太平渡、二郎滩二渡赤水,26日攻占了娄山关,28日再占遵义,共歼灭国民党军两个师又8个团。蒋介石急调大军采取堡垒主义和重点进攻相结合的作战方针,企图围歼红军于遵义和鸭溪地区。红军佯在遵义地区徘徊,以吸引更多国民党军前来。当国民党军重兵靠近时,红军突然于3月16日在茅台附近三渡赤水,向川南前进。蒋介石误以为红军要北渡长江,急忙调兵向川南集结。3月21日,红军在二郎滩、九溪口、太平渡四渡赤水,向南急进,接着渡过乌江直趋贵阳。当各路国民党军向贵阳开进时,红军又突然向其兵力空虚的云南急进。国民党军慌忙调兵扼守昆明,但红军在昆明附近虚晃一枪后,便直抵金沙江畔。5月3日至9日,红军在皎平渡,凭着仅有的几条小船,全部渡过了金沙江。至此,红一方面军成功地跳出了国民党军的包围圈,摆脱了几十万重兵的围追堵截,实现了北上的战略意图。

5月15日,红一方面军开始沿会理至西昌大道北进。北进途经泸沽、越西、冕宁入彝族聚居区。红军严格执行民族团结政策,刘伯承与彝族沽基家族首领小叶丹歃血为盟,结为兄弟,使广大彝族同胞了解红军为全国各族人民谋解放的宗旨,红军顺利地通过了彝族区。

5月24日,红军占领安顺场,准备北渡大渡河。25日,红军连长熊尚林率17名勇士在炮兵掩护下乘小木船强行渡河一举成功。但这里水深流急,红军又缺乏渡河工具,大部队难以很快渡过。于是,中央军委决定改向西进,由泸定桥渡河。29日,红军到达并占领泸定桥西桥头,下午,开始渡河战斗。此时,国民党军已将泸定桥木板桥面拆掉,只剩13根铁索悬在大渡河上。22名红军勇士在连长廖大珠率领下,冒着敌人的密集炮火,攀着铁索向对岸前进。经过两小时激战,红军勇士占领了桥东敌军阵地,渡河取得成功。

红军渡过大渡河后继续北进,消灭了国民党军6个旅,来到了终年积雪的夹金山。红军官兵不畏高山缺氧与风雪严寒,团结互助,胜利地翻越过夹金山。6月12日,红一方面军先头部队到达懋功。18日,红一方面军主力与红四方面军在懋功会师,两军兵力达10万余人,为建立新的革命根据地创造了有利条件。

红军两大主力会师后,中共中央和中央军委考虑到川西北地区为少数民族居住地,人口稀少,经济落后,不利红军的生存和发展;而陕甘地区地域宽阔,物产相对丰富,而且国民党军在那里的力量比较薄弱并存在派系矛盾,这些都有利于红军的机动作战和生存发展,因此决定在川陕甘边建立根据地。但是时任西北革命军事委员会主席的张国焘却反对在川陕甘建立根据地,提出红军向西占领青海、新疆,或暂时向南进攻的主张。6月26日，中共中央在两河口召开政治局会议，28日作出《关于一、四方面军会合后战略方针的决定》，确立了红军主力继续北上，建立川陕甘根据地的行动方针。张国焘虽然同意了中央的决定，但他自恃掌握第四方面军的领导权，又提出改组军委和红军总司令部。中共中央为了顾全大局，于7月18日任命张国焘为红军总政委。21日，中央军委决定以原红四方面军总指挥部为红军的前敌总指挥部，徐向前任总指挥、陈昌浩任政委，叶剑英任参谋长。之后，红军继续北上准备攻打潘松。

8月上旬，中共中央政治局在毛尔盖附近的沙窝举行会议，重申两河口会议确定的红军行动方针，并决定由陈昌浩任红军总政治部主任，周恩来任红一方面军司令员兼政委。鉴于国民党军主力已在松潘地区集结，中央军委决定放弃松潘战役计划，将红一、四方面军混编为左、右两路军，分别由阿坝、班佑通过草地北上。8月中旬，中共中央、中央军委随右路军北上进入草地。草地是长满荒草的沼泽，气候变化无常，荒无人烟，甚至连干净的水都难以找到，要穿越草地十分艰难。红军官兵以顽强的毅力，冒着风雨严寒，忍着饥渴，经过数日艰苦跋涉，终于走出了草地。8月29日，红军右路军走出草地后首次与国民党军作战，歼敌5000人，为全军北上打开了通道。

但张国焘把持着左路军迟迟不肯北上，并向中央提出红军南下的要求。中共中央电告张国焘应立即北上，张国焘却违反命令，擅自率左路军南下，并密电陈昌浩率右路军南下,企图分裂红军。中共中央得知消息后,于9月10日率领红一方面军先行继续北上。12日,中共中央在俄界召开政治局会议,通过了《关于张国焘同志错误的决定》,指出张国焘分裂党和红军的错误,号召红四方面军指战员与错误路线斗争。会议还决定将红一方面军主力整编为中国工农红军陕甘支队,由彭德怀任司令员,毛泽东任政委。张国焘对中央的批评置之不理,强令左路军及右路军之红四、三十军继续南下。10月5日,他公开另立中央,自封为"中央主席",分裂党和红军的活动达到极点。针对张国焘的错误,中共中央1936年1月电令他取消第二"中央",22日,又向全党公布张国焘的错误。随同左路军行动的朱德、刘伯承等人与张国焘进行了坚决的斗争。在张国焘的错误指挥下,南下红军遭到严重损失,引起广大指战员的不满。1936年6月,张国焘被迫取消第二"中央",右路军重新北上。张国焘分裂红军的错误,在人民军队建设的历史上留下了深刻教训。从那以后,中国共产党特别警惕来自军队内部的分裂倾向,要求军队必须服从党的领导,做执行革命政治任务的武装集团,而不能成为实现任何个人野心的工具。

俄界会议后,中共中央率领红军陕甘支队北上,于1935年9月17日,在腊子口与国民党军3个团发生激战。腊子口是红军长征途中的最后一道天险。这里易守难攻,两侧是悬崖峭壁,中间一线通道,通道上方是国民党军的一座碉堡。战斗中,红军苗族战士李小猴不畏艰险，沿着悬崖峭壁攀到碉堡的上方，配合战友炸毁了碉堡。经过激战，红军歼灭国民党军两个营，打开了腊子口天险。18日，红军翻越岷山到达甘南的哈达铺。这时，国民党为防止红军进占天水，威胁西安，急调重兵集中于天水，并在渭河附近的武山、漳县布置防线。红军陕甘支队乘国民党调兵之际，急速北上，渡过渭河，占领了榜罗镇和通渭城。在榜罗镇，中共中央召开政治局会议，考虑到陕北仍有相当数量的红军及较大的根据地，正式决定在陕北建立新的革命大本营。会后，红军陕甘支队连续突破国民党军在会宁至静宁之间，平凉至固原之间的两道封锁线，打退了国民党军骑兵的追击，翻越六盘山，于10月19日，到达陕甘根据地边缘的保安县吴起镇。至此，红一方面军胜利完成了历时一年，纵横11个省，行程两万五千里的举世闻名的长征。

长征途中，英勇的红军艰苦转战，历尽险阻，做出了最大的牺牲。长征以红军的胜利，国民党军的失败而告终，它宣告了红军是共产党领导下的一支不可战胜的武装力量，在人民军队的历史上留下了光辉的一页。

## 4. 三军会师　旗鼓重整

1935年11月初，红军陕甘支队在甘泉与陕北红十五军团会师。11月3日，中共中央召开政治局常委会议，决定成立西北革命军事委员会，由毛泽东任主席，周恩来、彭德怀任副主席；恢复红一方面军番号，彭德怀任司令员，下辖红一军团和红十五军团，全军1万余人；原红一军团、红三军团合编为红一军团，林彪任军团长，聂荣臻任政治委员；原红十五军团并入红一方面军，徐海东任军团长，程子华任政治委员。

这时，国民党军队正在对陕甘苏区进行第三次"围剿"。由于陕甘苏区领导执行"左"倾机会主义路线，把陕北红军的创始人刘志丹等大批红军指战员及地方干部作为"肃反"对象逮捕，在红军和群众中造成了严重的消极影响，极大地削弱了陕甘苏区反"围剿"的力量。毛泽东、周恩来等人纠正"肃反"错误，释放了所有被关押的红军指战员和地方干部，从而巩固了红军和苏区内部的团结。

为了粉碎国民党军的"围剿"，红一方面军决定集中主力，在直罗镇首先给国民党军以重大打击。11月20日，国民党军第一〇九师被诱至直罗镇。次日，红一军团与红十五军团从南北两面夹击，向第一〇九师展开了猛烈进攻，消灭该师大部。23日，红军又在张家湾歼灭国民党军援军1个团。24日，第一〇九师残部企图突围，被红军全部歼灭。直罗镇战役，红军共歼灭国民党军1个师又1个团，俘虏5300名，缴枪3500余支，彻底粉碎了国民党军对陕甘苏区的"围剿"。这次重大胜利，为中国共产党把全国革命的大本营放在西北，举行了一个奠基礼。

红一方面军到达陕北的时候，日本帝国主义的侵略势力已经进入华北。为了挽救民族危难，中共中央在12月召开的政治局扩大会议上，制订了建立抗日民族统一战线的策略方针，并规定了把国内战争与民族战争结合起来的军事方针。在这一方针指导下，红军进行了东征和西征。

1936年2月20日晚，红一方面军为打开向华北的抗日通路，渡过黄河开始东征。红军进入山西后，阎锡山一面集中晋军阻挡红军，一面电请蒋介石派军增援。红军与国民党军展开了激战。至5月，红军在东征作战中共消灭国民党军7个团，俘虏4000余名，缴枪4000余支，沉重地打击了仍然实行"安内攘外"政策的蒋介石和阎锡山。在东征中，红军扩兵8000余人，筹款30万元，并在山西20余县广泛宣传中国共产党的抗日主张，扩大了红军在群众中的影响，为后来红军出师华北抗日奠定了良好基础。作战中，红军将领刘志丹不幸牺牲。5月5日，毛泽东和朱德代表苏维埃中央政府与红军革命军事委员会，发出《停战议和一致抗日通电》（亦称《回师通电》），呼吁国民党放弃"剿共"内战，表明中共愿与一切实行抗日政策的军队进行合作的态度。之后，东征红军全部西返陕甘根据地。

国民党蒋介石不肯放弃内战方针，继续向红军发动进攻。红军为打破国民党军的"围剿"，巩固西北根据地，决定进行西征。5月18日，中央军委下达西征战役计划，决定由红一军团、红十五军团和红军第八十一师等部组成西方野战军，担当西征任务。20日前后，红军开始西征。西征红军进入宁夏后，与国民党军展开了激烈战斗。从5月到7月，西征红军多次作战，共歼灭2000余人，缴枪2000余支、战马500余匹，沉重打击了西北地区的反共国民党军，为创建和巩固陕甘宁革命根据地奠定了基础。

红一方面军开始长征后，红二军团、红六军团为策应红一方面军长征，向湘西国民党军发动了进攻。1934年11月，红二、六军团建立了湘鄂川黔根据地，两部红军共发展到1.2万余人。1935年2月，蒋介石调集10万军队向湘鄂川黔根据地发动"围剿"，红二、六军团粉碎了敌人的"围剿"，有力地配合了红一方面军的转移行动。9月，蒋介石又调集了130个团的兵力，对湘鄂川黔根据地发动了更大规模的"围剿"。11月19日，红二、六军团从湘西刘家坪、轿子亚地区出发，开始作战略转移，踏上了长征之路。1936年3月，张国焘以红军总政委名义，电令红二、六军团向北到甘孜与红四方面军会合。7月2日，红二、六军团经过多次战斗，翻越雪山，到达甘孜与红四方面军会合。7月5日，中央军委电令红二、六军团和红三十二军，合组成中国工农红军第二方面军，由贺龙任总指挥，任弼时任政治委员，萧克任副总指挥，关向应任副政治委员。

7月上旬，红二、四方面军开始北上，穿越草地，于8月到达甘肃南部地区。为了迅速实现红军三大主力会师，中共中央和中央军委命令红二、四方面军继续北上，红一方面军向南接应。8月5日，红四方面军组成第一、二纵队，红二方面军组成第三纵队，先后向北挺进。8月9日,第一纵队攻占了天险腊子口,10日占领了大草滩、哈达铺,歼灭国民党军1000余人,并于26日攻占了渭源。第二纵队于8月20日占领了洮州,歼灭国民党军1个营,击退1个旅,并于9月7日攻占了通渭。第三纵队于9月初进入哈达铺地区,接着东进占领了礼县、成县等地。10月9日,红四方面军总指挥部到达会宁,22日,红二方面军总指挥部到达将台堡,与红一方面军会师。

三大红军主力的会师,标志着历时两年的红军长征全部结束,宣告了国民党反动派消灭红军阴谋的彻底破产。主力红军会师,对于增强中国革命力量,推动抗日救亡运动的发展,促成全国抗日民族统一战线的形成,并在即将开始的抗日民族解放战争中建立中国人民抗战的基地,起到了非常重要的作用。

三大主力红军会师时,日本帝国主义在华北不断制造事端,中国面临着自九一八事变后再次丧失领土主权的危险,而蒋介石却不顾民族危机的进一步加深,继续对红军实行"围剿"政策,企图乘红军长征后立足未稳之时,一举将红军歼灭。为此,蒋介石调集10余师兵力进犯陕甘宁根据地,并亲赴西安督战。这时,在中国共产党抗日民族统一战线政策的感召下,国民党东北军和西北军实际上已经停止了对红军的进攻,只有胡宗南的第一军还竭力与红军作战。

11月中旬,红军主力移至山城堡、洪德城地区。中央军委决定发动山城堡战役,集中兵力打击孤军深入的胡宗南部队。21日下午,红军各部向进入山城堡地区之胡宗南第一军突然发动猛烈攻击，激战至黄昏，胡部向山城堡北面逃窜，红军乘胜追击，至22日上午，红军歼灭胡部1个旅，余部全线撤退。山城堡战役的胜利，是三大主力红军会师后取得的第一次胜利。这次胜利，表明蒋介石消灭红军的企图无法实现，而中共的"逼蒋抗日"方针将产生重要影响。

为了适应红军发展的需要，中共中央决定扩大中央军委。12月7日，中央军委主席团转发中华苏维埃政府命令：中央革命军事委员会以毛泽东、朱德、周恩来等23人为委员，毛泽东、朱德、周恩来、张国焘、彭德怀、任弼时、贺龙等7人组成主席团，毛泽东任主席，周恩来、张国焘任副主席；朱德任中国工农红军总司令，张国焘任总政治委员；刘伯承任中央军委总参谋长，叶剑英任副总参谋长，王稼祥任总政治部主任，杨尚昆任副主任。

红军主力会师的时候，按照中共中央和中央军委的部署，红四方面军第三十军西渡黄河，随后，第九军和第五军也渡过了黄河，准备执行宁夏战役计划。11月5日，红军总部电令红四方面军河西部队：消灭敌马步芳部，独立开展一个新局面。11日，中共中央决定：河西部队统称西路军，成立以陈昌浩为主席、徐向前为副主席的西路军军政委员会，统一指挥西路军行动。之后，西路军2万余官兵浴血奋战，取得了歼灭敌军2.5万余人的战绩。1937年3月，西路军在敌强我弱、自然与社会条件不利的情况下，在祁连山最后失败。西路军万余名官兵在作战中英勇牺牲，李先念率领数百名红军官兵进入新疆，还有部分失散的指战员陆续回到陕甘宁边区。西路军的失败有多种原因，但西路军广大官兵无畏的牺牲精神，在人民军队的历史上闪耀着光辉。

主力红军长征的时候，南方苏区仍留有部分红军坚持游击战争。为了保存和发展南方红军，中共中央在主力红军长征开始时即决定：以项英、陈毅、贺昌、邓子恢、张鼎丞、谭震林等人组成中央分局，项英任书记；成立苏维埃政府中央办事处，陈毅任主任，由中央分局和中央办事处负责领导南方红军游击战争。主力红军离开苏区后，国民党军队进入苏区，实行疯狂的屠杀政策，仅江西和福建就有80万革命群众惨遭杀害。在极端残酷的环境中，江西、福建、浙江、安徽、河南、湖北、湖南、广东八省红军依靠人民群众的支持，顽强地展开游击战争，经过三年艰苦卓绝的斗争，在15个地区保留了革命的火种。

在赣粤边地区，1935年3月，项英、陈毅、蔡会文、陈丕显率中央苏区突围红军与赣粤边李乐天、杨尚奎率领的红军会合，共1000余人在油山地区展开游击战。在敌众我寡、缺衣少食的险恶环境下，该部红军三次粉碎敌人"清剿"，至1937年，部队尚有300余人。

在闽赣边地区，1935年春，赖昌祚率千余红军与国民党军苦战两月余，赖以下大部牺牲。剩下30余名红军在钟得胜率领下编成瑞金游击队坚持斗争，至1936年底，队伍扩大到50余人。同时，刘国兴率领的一支红军游击队也在长汀、瑞金、会昌一带坚持斗争。

在闽西地区，陈潭秋、邓子恢、谭震林率领100余人于1935年春由中央苏区突围到闽西永定，与张鼎丞部会合，成立闽西南军政委员会，在当地展开游击战。至1937年，该部发展到2000余人。

在闽粤边地区，1935年5月苏区被国民党军占领后，中共闽粤边特委领导红军独立第三团（后改称闽粤边红军游击队）坚持在当地展开游击战。至1936年底，该部发展到了1300余人。

在皖浙赣边地区，1935年1月苏区被国民党军全部占领后，红三十师余部在关英率领下与皖南独立团会合，在郭公山坚持斗争，开创了郭公山游击区。至1936年底，在皖浙赣边的红军游击武装发展到近3000人。

在浙南地区，1935年3月，粟裕、刘英率红十军团挺进师500余人进抵浙南，建立了游击根据地。至1936年，该部活动范围扩大到30余县，人员发展到1600余人。

在闽北地区，1935年2月，黄道率领红军闽北独立师2000余人，进入武夷山区展开游击战争。至1936年底，闽北游击区已经扩大到10余县，部队发展到3000余人。

在闽东地区，1935年春国民党军占领苏区后，叶飞率领红军闽北独立师400余人在福安、寿宁、霞浦、福鼎、古田、屏南、宁德、平阳等地展开游击战争。至1936年，部队发展到800余人。

在闽中地区，王于洁、吴德标、刘突军领导的游击队与闽东叶飞部遥相呼应，在闽中地区展开游击战，建立了以常太和罗汉里为中心的游击根据地。

在鄂豫皖边地区，1935年2月，高敬亭率留守红军1300余人成立了红二十八军，依托大别山展开游击战争。至1937年，该部发展到2000余人，活动在50余县。

在鄂豫边地区，1936年1月，张星江等7人组成游击队，在桐柏山区与敌人周旋，不久即发展到100余人，活动在泌阳、确山、信阳等地。

在湘鄂赣边地区，主力红军长征后，陈寿昌、徐彦则、傅秋涛等人率领红十六师坚持展开斗争，建立了以平江县黄金洞为中心的游击根据地，队伍一度发展到5000余人，至1937年尚存900余人。

在湘赣边地区，1935年7月，谭余保、曾开福在莲花县棋盘山组成游击队后，收集失散的红军部队，编成6个大队，在当地发起游击战争，很快在莲花、安福两县边界建立了游击根据地。

在湘南地区，1936年3月，李林依靠6名红军伤员组成湘南红军独立大队，在宜章山区坚持游击战，队伍曾发展到30余人。同时，刘厚总、谢竹峰等人领导的游击队活动在耒阳、安仁等地，队伍曾发展到80余人。

在琼崖地区，1933年夏，冯白驹率25名红军战士从母瑞山突围至琼山县云龙地区后，即在当地组织游击战。

以上南方红军的活动，对于后来建立"抗日民族革命战争在南方各省的战略支点"，具有十分重要的意义。

土地革命战争时期，中国共产党领导的人民军队，除红军外，还有东北抗日联军。九一八事变后，由于蒋介石对日本帝国主义实行不抵抗政策，在东北抗击日军侵略的任务，主要是由那些自发组织起的各种抗日武装来担当。中国共产党一面支持东北抗日义勇军的抗日爱国行动，一面积极建立由共产党领导的抗日军队。1932年初，中共满洲省委即派遣杨靖宇、王德泰等人，在南满、东满、北满等地组建抗日武装，先后建立了南满游击队、东满游击队、珠河游击队、密山游击队、饶河游击队、绥宁游击队、汤原游击队等。1933年1月，中共中央致信满洲省委，要求联合一切抗日力量，建立全民族的反帝统一战线。据此方针，中共领导的抗日游击队团结其他抗日武装，联合组成抗日军队。1936年，中共领导的东北抗日武装全部改编为东北抗日联军，杨靖宇任第一军军长兼政委；王德泰、魏拯民分任第二军军长和政委；赵尚志任第三军军长；李延禄任第四军军长；周保中任第五军军长；夏云杰任第六军军长；陈久荣任第七军军长；谢文东任第八军军长；李华堂任第九军军长；汪雅臣任第十军军长；祁致中任第十一军军长。1937年，东北抗日联军整编，第一、二军合编为第一路军，杨靖宇任总指挥；第四、五、七、八、十军合编为第二路军，周保中任总指挥；第三、六、九、十一军合编为第三路军,赵尚志任总指挥。抗日联军总人数达4.5万人。从1931年到1937年七七事变前,东北抗日联军活跃在白山黑水,在异常艰苦的环境中英勇作战,用鲜血与生命抗击侵略者,歼灭日军14万余人,给日本侵略者以沉重打击。

1936年冬,日本不断对中国进行挑衅和侵略,中国抗日救亡运动出现了新的高潮。为了抵御日寇侵略,中国共产党呼吁国民党蒋介石停止内战政策,实行团结抗日政策。但蒋介石一意孤行,继续调兵遣将,"围剿"红军。这种倒行逆施,引起了全国人民的极大不满。1936年12月12日,张学良、杨虎城对蒋介石实行"兵谏",爆发了震惊中外的西安事变。在中国共产党的努力下,西安事变得到和平解决,蒋介石无奈放弃内战政策,以国共合作为基础的全国抗日民族统一战线初步形成。

西安事变和平解决后,中国共产党继续为推动全国团结抗日局面的实现而努力。同时,由于内战的停止,红军的主要任务逐渐由反抗国民党的"围剿"转向准备直接对日作战。为了适应新形势,中国共产党开始全面加强军队建设。

第一,统一全军意志。由于红军任务的转移,中共中央和中央军委加强了全军的政治思想教育工作,通过教育,使全体指战员理解抗日民族统一战线政策以及在统一战线中坚持中国共产党对军队领导权的重要性的认识;总结红军经验,批判张国焘分裂红军的错误,巩固了中国共产党对红军的领导地位及红军各部之间的团结,提高了广大官兵的组织纪律观念。

第二,培养军队干部。在过去的战争环境下,红军干部的培养主要是在战争实践中进行的。这时,内战的停止使红军有了一个相对稳定的环境,从而使干部的正规教育成为可能。为了适应即将开始的抗日战争的需要,"提高老干部的程度,创造许多的新干部",中共中央和中央军委十分重视红军政治军事学校的建设。1936年6月1日,"中国人民抗日红军大学"在瓦窑堡成立,参加第一期培训的学员包括老战士,班、排、连、营、团长及团以上干部共1000余人。1937年春,中央军委决定把抗日红军大学改名为"中国人民抗日军政大学"。抗日军政大学除继续培养红军干部外,还招收培养大批知识青年。这些学员毕业后奔赴抗日前线,大多数人成为八路军、新四军的骨干。另外,除抗日军政大学附设步兵学校外,还开办了供给学校和摩托学校,培训专门军事人才。

第三,训练红军战士。红军战士主要来源于贫苦农民,受教育程度很低,政治思想与军事作战水平的提高受到一定限制。但他们中许多人经历过战争考验,具有坚强革命意志与丰富实践经验。针对红军战士的具体情况,中共中央和中央军委制定出切实可行、行之有效的训练方案。红军各部普遍开展了学习文化和练兵比武的热潮。通过训练,红军战士的文化程度、政治思想水平和军事作战技能,都有显著提高。

第四,积极扩军,加强军队组织建设。红军经历长征后严重减员,为了完成新的战争任务,红军到达陕北后即着手进行扩军工作。红军所到之处,指战员广泛宣传红军的宗旨,积极动员当地青年参加红军。到全国抗日战争爆发前,主力红军和地方红军扩大到7.4万余人,比红军会师时人数增加了一倍。同时,红军的编制、序列、组织机构等也进行了调整:精减后方,充实前方;在边区、县、区三级政府分别建立了军事部,统一领导地方部队和赤卫队;整理和充实部队基层党组织,使之发挥战斗堡垒作用。

通过以上措施,红军的战斗力得到了很大提高,为它在即将开始的中华民族的抗日战争中充当先锋,并逐渐成为中国抗日战争的主力军,创造了必要条件。

## 三 抗日烽火中的八路军和新四军

### 1 改编出师 初战告捷

1937年7月7日,日本帝国主义在北平城西南的卢沟桥制造事端,悍然发动了全面侵华战争。8月13日,日军又进攻上海,把战火引向华东。在中华民族生死存亡的危急关头,全国各抗日阶级、阶层人民,各政党和政治派别,各派武装力量,各群众团体,很快在抗日的目标下达成了空前的团结,中国全民族的抗日战争,在日军侵略的炮声中揭开了序幕。

7月8日,中国共产党通电全国,号召"全国同胞、政府与军队团结起来,筑成民族统一战线的坚固长城,抵抗日寇的侵掠!"9日,中国工农红军将领致电蒋介石请缨抗战。15日,中共向国民党提交《中国共产党为公布国共合作宣言》,并派周恩来等人继续与国民党谈判合作抗日。9月22日,国民党中央通讯社发表了中共的宣言,次日,蒋介石公开发表了实际承认共产党合法地位的谈话,标志着以国共两党合作为基础的抗日民族统一战线正式形成。

　　红军改编,是国共合作的一项主要内容,对人民军队的发展也具有十分重要的影响。在国共两党的谈判中,国民党曾企图利用改编取消红军,继而又阴谋篡夺红军的领导权和控制红军。共产党坚持对红军的绝对领导,使国民党的阴谋未能得逞。后来,由于日寇进攻上海,国民党急于要红军开赴华北前线,于8月18日同意红军立即实行改编。22日,国民政府军事委员会宣布红军主力改编为国民革命军第八路军,设总指挥部,下辖3个师,每师1.5万人。25日,中共中央军委宣布:将中国工农红军第一、二、四方面军和陕北红军等部,改编为国民革命军第八路军(9月11日后改称第十八集团军),红军前敌总指挥部改为八路军总指挥部,朱德、彭德怀分任正副总指挥(9月11日改称正、副总司令),叶剑英、左权分任正副参谋长,任弼时、邓小平分任政治部正副主任。八路军下辖3个师,编制如下:

　　第一一五师,由红一方面军第一、十五军团和陕北红军第七十四师编成,师长林彪,副师长聂荣臻,参谋长周昆,政训处主任罗荣桓,副主任萧华;下辖第三四三旅,旅长陈光,副旅长周建屏;第三四四旅,旅长徐海东;全师1.55万人。

　　第一二〇师,由红二方面军第二、六军团,第三十二军和陕北红军第二十七、二十八军编成,师长贺龙,副师长萧克,参谋长周士第,政训处主任关向应,副主任甘泗淇;下辖第三五八旅,旅长张宗逊,副旅长李井泉；第三五九旅，旅长陈伯钧，副旅长王震；全师1.4万人。

第一二九师，由红四方面军第四、三十一军和陕北红军第二十九、三十军编成，师长刘伯承，副师长徐向前，参谋长倪志亮，政训处主任张浩，副主任宋任穷；下辖第三八五旅，旅长王宏坤；第三八六旅，旅长陈赓；全师1.3万人。

此外，八路军总部直属部队3000余人，全军共计4.6万余人。八路军主力开赴抗日前线后，中共中央军委决定成立八路军后方总留守处（12月改称留守兵团，萧劲光任司令员），统一指挥各师留守部队，保卫陕甘宁边区。

8月29日，中共中央决定成立中央革命军事委员会前方军分会（后改称华北军分会），朱德、彭德怀分任正副书记，受中央军委统辖，各师成立军政委员会，负责全师军事、政治工作。为了加强共产党对军队的绝对领导，10月，中共中央决定恢复被国民党取消的政治委员制度，任命聂荣臻、关向应、张浩（后改为邓小平）为各师政治委员；萧华（兼）、黄克诚、李井泉、王震、王维舟、王新亭分任各旅政治委员。

陕甘宁边区红军完成改编后，中国共产党又向国民党提出南方红军游击队的改编问题。经过反复磋商与针锋相对的斗争，国共两党于10月12日达成协议，将分散在湘、赣、闽、粤、浙、鄂、豫、皖边界14个地区（琼崖地区除外）的红军游击队，统一改编为国民革命军陆军新编第四军，由叶挺任新四军军长。之后，由中共中央提名，经国民政府军事委员会核定，任命项英为新四军副军长，张云逸、周子昆为正副参谋长，袁国平、邓子恢为政治部正副主任。1937年12月25日，新四军军部在汉口成立，1938年1月6日，新四军军部移驻南昌。新四军下辖4个支队，编制如下：

第一支队，由湘鄂赣边、湘赣边、粤闽边和赣东北红军游击队编成，司令员陈毅，副司令员傅秋涛，下辖第一、二团。

第二支队，由闽西、闽赣边、闽南和浙南红军游击队编成，司令员张鼎丞，副司令员粟裕，下辖第三、四团。

第三支队，由闽北、闽东红军游击队编成，司令员张云逸（兼），副司令员谭震林，下辖第五、六团。

第四支队，由鄂豫皖边红二十八军和豫南桐柏山红军游击队编成，司令员高敬亭，下辖第七、八、九团及手枪团。

此外，新四军军部直辖特务营，由湖南、闽中红军游击队编成。新四军改编后，全军共计1.03万人，6200余支枪。为了加强共产党对新四军的绝对领导，中共中央决定成立中共中央东南分局及中共中央革命军事委员会新四军分会，由项英任分局书记兼军分会书记，陈毅任军分会副书记，军分会由中央军委统辖。

为了争取抗日战争的胜利，1937年8月22日至25日，中国共产党在陕北洛川召开政治局扩大会议，通过了抗日救国十大纲领，制定了全面抗战的路线、方针和政策，规定了我军由正规战向游击战的战略转变，决定我军在新阶段的任务是：在敌后放手发动群众，独立自主地进行游击战争，配合正面战场，开辟敌后战场，建立敌后抗日根据地。会议还改组了中央军委，由毛泽东、朱德、周恩来、张闻天、彭德怀、任弼时、林彪、贺龙、刘伯承、徐向前、叶剑英等11人任委员，毛泽东任主席，朱德、周恩来任副主席。同时，中国共产党还制定了实行持久战的方针，并以此方针向国防会议提出了抗日战略计划，这对国民政府制定持久抗战方针产生了积极的影响。后来，随着战争进程的发展，毛泽东总结了抗日战争的基本规律，系统地提出了抗日持久战的理论；阐明了游击战争在抗日战争中的重要战略地位；指出"基本的游击战，但不放松有利条件下的运动战"，是我军唯一正确的战略方针；提出了主动地、灵活地、有计划地执行防御战中的进攻战、持久战中的速决战、内线作战中的外线作战等游击战争的重要原则。这些战略思想和战略原则，对于指导八路军、新四军完成抗日作战任务，发挥了重要的作用。

根据中共中央的战略方针，八路军、新四军完成改编后立即开赴抗日战场。

在华北，八路军第一一五师主力于8月22日由陕西三原地区出发，31日由韩城县芝川镇东渡黄河，沿同蒲路北上；第一二〇师主力于9月3日由陕西富平县庄里镇出发，随第一一五师东渡黄河北上；八路军总部于9月4日由陕西泾阳县云阳镇出发东渡黄河；

第一二九师主力于9月30日由庄里镇出发东进。八路军主力进入山西后,原定计划全部集中于恒山地区,后由于形势变化,八路军总部令第一一五师进军晋东北,第一二〇师转向晋西北,第一二九师开赴晋东南,分别配合友军保卫山西并准备独立自主开创山地游击战的局面。

9月中旬,日军占领大同、广灵和蔚县后,分两路向南进犯平型关和雁门关。为配合友军固守平型关、雁门关和保卫太原,八路军总部命令第一一五师急驰平型关,第一二〇师直趋雁门关。

9月24日夜,第一一五师各部冒雨进入平型关预设阵地,待机歼敌。2月5日晨7时,日军精锐部队板垣第五师团第二十一旅团约4000人,走入第一一五师埋伏圈,第一一五师突然向日军发动猛攻,将敌分割包围。经过一天激战,第一一五师以伤亡900余人的代价,共歼灭日军近千人,击毁汽车百余辆,缴获大批军用物资,取得了中国全面抗战以来的第一次战斗胜利。八路军出师首战告捷,沉重打击了日寇的嚣张气焰,极大地鼓舞了全国人民战胜日本帝国主义的信心。平型关大捷之后,第一二〇师在雁门关以北也连续获胜,切断了大同至武间的日军后方补给线;第一二九师先头团则在代县夜袭阳明堡机场,毁敌飞机24架。之后,八路军全力配合友军的忻口会战,先后取得了七亘村、黄崖底和广阳镇等战斗的胜利。至11月8日太原失陷,八路军出师以来共对日作战100余次,歼敌1.1万余人,有力地支援了正面战场友军的作战。

太原失陷后,"在华北,以国民党为主体的正规战争已经结束,以共产党为主体的游击战争进入了主要地位"。从此,八路军各部先后开始了创建敌后抗日根据地的斗争。

在晋察冀边区,第一一五师先后派部队在五台山地区和冀西阜平、曲阳地区发动群众,开辟抗日根据地。11月7日,晋察冀军区成立,聂荣臻任司令员兼政委,下辖4个军分区。1938年1月10日至15日,晋察冀边区临时行政委员会在河北省阜平县经军政民代表大会选举产生,宋劭文、聂荣臻、胡仁奎、吕正操等任委员,至此,晋察冀抗日根据地正式成立。至12月,根据地军民打退了日军2万余人的八路围攻,边区发展到30余县,部队发展到2万余人。同年4月,冀中地区人民自卫军与河北游击军合编为八路军第三纵队,成立冀中行政公署和冀中军区,吕正操任军区和纵队司令员,王平任政委,下辖4个军分区和4个支队。

在晋西北地区,第一二〇师派出工作团分赴朔县、左云、岢岚、兴县、岚县、静乐、五寨、保德等县,与当地战地动员委员会和牺牲救国同盟会合作,开展群众工作,筹建抗日游击队和自卫军。1938年初,以管涔山为依托的晋西北抗日根据地初步形成,第一二〇师发展到2.5万余人。至4月1日,第一二〇师击溃了日伪万余人对晋西北根据地的五路围攻,收复7座县城,并配合陕甘宁留守兵团打退了日军对黄河渡口的进攻,保卫了陕甘宁边区。

在晋冀豫边区,第一二九师组成工作团分赴太谷、榆次、阳泉、长治、武乡及河北临城、赞皇等县和河南道(口)清(化)铁路沿线地区,发动群众创建抗日根据地。1938年3月,第一二九师取得了神头岭和响堂铺伏击日军战斗的胜利;4月,又粉碎了日军3万余人对晋东南地区的九路围攻,取得歼敌4000余人的辉煌战绩。4月下旬,晋冀豫军区成立,标志着以太行山为依托的晋冀豫抗日根据地初步形成。之后,陈再道东进纵队和宋任穷骑兵团进入以南宫为中心的冀南地区,成立了冀南军政委员会和冀南军区,下辖5个军分区。5月,徐向前率2个团、1个支队与冀南军区部队会合,8月,成立了冀南行政公署。

在山东,随着国民党军队的溃退,日军轻易占领了山东省。中共山东党组织先后领导了天福山、黑铁山、徂徕山等地的抗日起义,并在沂水、莒县、曹县、滕县等地组织人民抗日武装。至1938年3月,形成了胶东、鲁中、鲁西南、鲁南等多处抗日游击区,并在其中一些县建立了抗日民主政权。

在建立上述华北各抗日根据地的同时,八路军总部考虑到冀东为华北联结东北的咽喉地区,战略地位十分重要,部署开辟以云雾山为中心的独立作战区。1938年3月,晋察冀第一军分区邓华支队挺进平西,5月,与宋时轮所率第一二〇师雁北支队会合后编成八路军第四纵队,宋时轮任司令员,邓华任政治委员。6月,该部进入冀东,配合中共冀热边特委发动了20多万人参加的冀东大暴动,建立起一支7万余人的抗日联军。后由于敌我力量悬殊，加之部队缺乏平原游击战经验，虽英勇作战给日军以一定打击，但部队牺牲很大，除少部留在冀东分散活动，大部移至平西。此后，冀东根据地的抗日军民一直坚持敌后斗争。

1938年4月至10月，八路军在华北地区广泛开展山地与平原游击战争，粉碎了日军的多次进攻，巩固和扩大了上述抗日根据地，并建立了大青山根据地（后与晋西北根据地合并为晋绥根据地）、晋冀鲁豫根据地等。据统计，八路军出师华北后，至1938年底，共作战1500余次，歼灭日军5.1万余人，缴枪1.2万余支，收复了大片国土；八路军人数发展到15.6万余人，成为华北抗战的主力军。

在华中，新四军各部集中完毕后，立即开赴大江南北抗日战线。

1938年4月下旬，新四军第一、二、三支队部分干部与战士组成东进先遣支队，在粟裕率领下向苏南挺进。6月17日，先遣支队在镇江至句容公路的韦岗伏击日军，毙伤日军20余人，毁敌汽车4辆，新四军首战告捷。

6月后，陈毅率第一支队，张鼎丞率第二支队，分别进入苏南，辗转于镇江、句容、金坛、丹阳、江宁、当涂、高淳、溧水等地，开始创建以茅山为中心的苏南抗日根据地。至12月，第一、二支队先后粉碎了日军的20余次进攻，并在江南地区广泛开展游击战争，甚至进入南京近郊打击日军。

为策应第一、二支队的行动，第三支队在谭震林率领下，于7月1日进入皖南抗日前线，开辟了东起芜湖、宣城，西至青阳、大通镇，南迄章家渡，北至长江北，横宽200余里，纵深100余里的皖南抗日根据地。新四军军部随第三支队进驻皖南泾县云岭。10月，日军对皖南新四军发动进攻，第三支队在清水潭、马家园等战斗中歼灭日军300余人，迫敌撤退。

在江北地区，高敬亭率第四支队，在合（肥）安（庆）、合（肥）六（安）公路沿线的无为、桐城等地，采取伏击、突袭等战术，于6月至10月，先后对日作战数十次，歼敌千余人，毁敌汽车150余辆，初步建立了皖中抗日根据地。

在豫东地区，彭雪枫率新四军游击队300余人，由确山县竹沟镇出发，在东华县与中共领导的地方武装会合，组编成新四军游击支队，彭雪枫任司令员兼政治委员，下辖3个大队。该部活动于睢县、杞县、太康地区，初步开创了睢杞太抗日根据地。

新四军自成立至1938年底，对日军作战280余次，歼灭3800余人，初步建立了苏南、皖南和皖中等抗日根据地，开辟了华中敌后战场。新四军也由1万余人发展到2.5万余人，成为华中抗日战场的重要力量。

八路军、新四军出师抗日之际，中国共产党领导的东北抗日联军已经发展到11个军共3万余人。为了配合全国抗日战争，七七事变后，东北抗联各军向日本关东军展开了广泛的游击战。抗联将士在极端艰苦的条件下，坚持战斗，勇于牺牲，给敌人以沉重打击。

由于敌强我弱及恶劣的自然环境,东北抗日联军战至1942年,全部兵力仅剩2500人左右。至1945年,东北抗日联军共歼敌17万人,有力地支援了全国抗战;3万余名抗联将士,为了中华民族的解放事业献出了自己的生命。中国人民不会忘记为国捐躯的杨靖宇、魏拯民、赵尚志、赵一曼等抗日英雄,他们的英名在人民军队的史册上永放光辉。

## 艰苦卓绝的敌后游击战争

1938年10月,日军占领广州、武汉后,中国抗日战争进入战略相持阶段。在中国人民的坚决抵抗下,日本被迫放弃"速战速决"的侵华战略,准备长期作战。此后,日军减缓了对正面战场的战略进攻,转而集中主要兵力保守占领区,"肃清"以共产党军队为主的敌后抗日力量。

为了适应抗日战略相持阶段到来后的新形势,1938年9月至11月,中国共产党在六届六中全会上提出:党的工作重心是在战区和敌后,主要任务是放手发动游击战争,扩大人民武装,巩固和发展抗日根据地;八路军、新四军的行动方针是"巩固华北,发展华中"。六届六中全会之后,中国共产党独立领导的敌后游击战争很快进入高潮,八路军、新四军开始在中国抗日战争中发挥重要的作用,成为中国抗战的主力军。

在华北,针对日军先占平原,后占山区的"扫荡"

方针，八路军总部命令各师主力分别进至冀中、冀南、冀鲁豫边平原地区和山东，协同地方抗日武装，广泛开展游击战争，巩固和扩大根据地，粉碎日军的"扫荡"进攻。

在晋察冀根据地，日军从1938年冬开始，以3万人的兵力"扫荡"冀中根据地，曾一度占领根据地内所有的县城。在严峻的形势下，中央军委命令第一二〇师挺进冀中。1938年12月，第一二〇师主力在贺龙、关向应率领下由山西岚县及绥远大青山出发，突破日军数道封锁线，于1939年1月进抵冀中河间县，与冀中军区部队会合。尔后，第一二〇师与冀中军区部队共同作战，至3月，先后粉碎了日军的3次围攻，歼敌2300余人。4月23日，贺龙、关向应率7个团与日军第二十七师团之吉田大队800余人在齐会村展开激战。日军在作战时施放毒气弹，贺龙中毒后坚持指挥战斗。齐会战斗持续了3天，八路军共歼灭日军700余人，最终取得了战斗的胜利。这次战斗，创造了平原游击战争歼灭敌人的典范。齐会战斗之后，八路军又多次击退日军对冀中的进犯，使冀中根据地得到了巩固。同时，第一二〇师东进部队也在战斗中得到了扩大，由开始时的6400余人增加到21900余人；冀中军区部队也有很大发展。

1939年夏，日军对晋察冀根据地的"扫荡"由冀中平原转向了北岳山区。此时，第一二九师主力由冀南返回太行山，与原留守部队协同作战70余次，歼敌2000余人，粉碎了日军5万余人的夏季"扫荡"。9

月，第一二〇师主力由冀中返回晋西北途径陈庄，在冯家沟设伏，一举歼灭日伪军1200余人，重伤日军旅团长水原重义。日寇的秋季"扫荡"失败。10月，日军调集2万余兵力开始向北岳区发动冬季"扫荡"。晋察冀军区第一分区司令员杨成武率部在涞源县东南雁宿崖、黄土岭，两次战斗共歼敌1500余人，击毙敌第二混成旅团旅团长阿部规秀中将，日军哀叹："名将之花凋谢在太行山上。"之后，八路军又在北岳区中心阜平粉碎了日军6000余人的进攻，至12月初，彻底打退了日军对北岳区的冬季"扫荡"。1940年春，日军对平西地区的"扫荡"也被粉碎。晋察冀根据地在反"扫荡"作战中不断扩大，至1940年底，已经发展成北岳、冀中、冀察热（后为冀热辽）三个行政区，成为华北敌后最大的一块抗日根据地。

在晋绥根据地，第一二〇师主力进入冀中后，留下的部队组成新三五八旅，由彭绍辉任旅长，与山西青年抗敌决死队第四纵队、新编第一师及工人武装自卫旅等抗日武装，坚持敌后游击战争。1940年2月，南下冀中的第一二〇师主力，在贺龙、关向应率领下经北岳区返回晋西北，根据中共中央和八路军总部关于把晋西北建设成联结陕甘宁边区与华北的"战略枢纽"的指示，在晋中平原和同蒲路北段积极开展游击战争。5月，日军开始对晋西北根据地实行大规模"扫荡"。6月7日至7月6日，第一二〇师在反"扫荡"斗争中共作战250余次，歼灭日伪军4500余人，缴枪300余支，收复了兴县、临县、方山、保德、河曲等县城。11月7日，晋西北军区成立，由贺龙任司令员，关向应任政治委员，下辖6个军分区和大青山根据地部队。至此，晋绥根据地东起同蒲、平绥路与晋察冀根据地相邻，西至黄河与陕甘宁边区连接，北迄大青山，南达汾（阳）离（石）公路，成为威胁华北日军侧背，保卫陕甘宁边区的一块重要的敌后抗日根据地。

在晋冀豫根据地，1938年11月，八路军总部命令第一二九师主力挺进冀南。12月下旬，刘伯承、邓小平率领第一二九师第三八六旅主力等部进至冀南地区。1939年1月，日军从平汉、津浦铁路沿线调集了3万余兵力，分11路向冀南根据地发动了大规模的"扫荡"。刘伯承、邓小平、徐向前等将第三八六旅主力与冀南军区部队分成6个作战单位，分头开展游击战争，将作战重点指向日军后方补给线。1月至3月，第一二九师与冀南军区部队作战百余次，共歼灭日伪军3000余人，粉碎了敌人对冀南根据地的围攻。3月以后，日军对晋冀豫根据地"扫荡"的重点转移到山地，刘伯承、邓小平率第一二九师师部及第三八六旅从冀南返回太行山区。7月，日军集结10万兵力分9路向晋冀豫根据地太行山区扑来，从7月6日至8月下旬，第一二九师及地方部队共作战70余次，歼敌2000余人，收复了榆社、武乡、沁源、高平等县城。接着，晋冀豫根据地军民主动出击，从8月下旬至12月初，作战200余次，歼敌2800余人，取得了反"扫荡"斗争的胜利。1940年6月，成立了太行、太岳军区；8月，成立了冀南、太行、太岳行政联合办事处，由杨秀峰任主任。至此，晋冀豫根据地北起石德、正太路，南达黄河边，西迄同蒲路，东至津浦路，成为连接华北与华中的一块重要的敌后抗日根据地。

在山东根据地，1938年12月，中央军委决定成立八路军山东纵队，由张经武任指挥，黎玉任政治委员，下辖6个支队。同时，罗荣桓率第一一五师主力奉中央之命进入山东，于1939年3月到达鲁西地区。第一一五师进入山东后，先后建立了湖西、鲁西、冀豫边、鲁南等敌后抗日根据地；同时，山东纵队也发展和巩固了鲁中、胶东、清河等处抗日根据地。1940年，八路军先后粉碎了日军对山东根据地的多次侵扰。8月，中共中央决定成立山东分局，统一指挥第一一五师与山东纵队的行动。9月，山东纵队进行整编，下辖5个旅、2个支队，5万余人。10月，第一一五师进行整编，部队扩大到7万余人。至年底，山东根据地已经发展到拥有1200万人口的广大地区，不仅建立了省战时工作推动委员会（后改称战时行政委员会），还建立了14个专署和95个县的抗日民主政权，华北敌后的又一块抗日根据地，得到了巩固和发展。

在冀鲁豫地区，1938年11月中旬，杨得志率领第一一五师第三四四旅第六八八团，由晋东南出发南进，于1939年2月到达河北省南部。4月，第六八八团与八路军游击第二支队等部合编为冀鲁豫支队，下辖5个大队，共4700余人。6月，冀鲁豫支队粉碎了日军万余人的七路进攻。8月，支队扩大到7000多人。

1940年4月，黄克诚率第三四四旅余部及河北民军等部，与冀鲁豫支队会合，成立第二纵队，杨得志任司令员，下辖4个旅。同时，成立冀鲁豫军区，黄克诚任司令员，崔田民任政治委员。至此，包括冀南、鲁西南、豫北地区的冀鲁豫抗日根据地初步形成。

在华北抗日根据地不断扩大和人民军队力量迅速发展的条件下，八路军于1940年发动了"百团大战"。参加战役的共有105个团近40万人；作战地域主要在正太铁路沿线，同时包括平汉、同蒲、白晋、平绥、北宁铁路沿线地区，战线长达5000余里；作战方式主要是针对日军交通线的破袭战。战役从8月20日开始，至12月5日结束，历时三个半月，共进行大小战斗1824次，毙伤俘日军20926人、伪军18922人，日军投降47人，伪军反正1845人。攻克据点2993个，破坏铁路474公里、公路1502公里，缴枪5600余支、炮53门和大批军用物资。八路军伤亡1.7万余人。"百团大战"沉重地打击了华北日军，极大地鼓舞了中国人民的抗战勇气，受到了国内外舆论的赞扬。战役结束后，日军向华北增兵，开始对抗日根据地进行更大规模的残酷"扫荡"。

从1938年10月至1940年底，八路军广泛开展游击战争，建立和巩固了晋察冀、晋绥、晋冀豫、山东、冀鲁豫五大块敌后抗日根据地，部队由15.6万人发展到40万人，华北敌后战场已成为中国抗日的重要战场。

在华中，抗日相持阶段到来后形势变得十分复杂，新四军在敌、伪、顽势力的包围中，处境异常困难。为了贯彻中共中央"发展华中"的战略方针，周恩来于1939年春赴皖南新四军军部，与项英商议后规定了新四军的战略任务，即"向南巩固，向东作战，向北发展"。之后，中共中央决定以刘少奇为首的中原局进入华中敌后，并先后派出部分八路军南下协助新四军作战。华中敌后游击战争逐渐进入高潮。

在苏南地区，从1939年5月开始，陈毅派遣第六团组成东进纵队，由茅山地区进入江阴、无锡、常熟、苏州、太仓地区，与当地游击队合编成江南人民抗日义勇军，初创了苏南抗日根据地。同时，陈毅按照"向北发展"的战略方针，派遣第二团等部向长江北岸挺进，与苏北地方实力派李明阳、李长江等建立合作抗日关系，并多次粉碎日伪的进攻，为新四军北上开辟苏北敌后游击战场创造了条件。为统一领导苏南地区的抗日斗争，1939年8月，新四军军部决定第一、二支队统归陈毅指挥。11月，新四军江南指挥部在溧阳成立，陈毅、粟裕分任正副指挥。

在皖中、皖东地区，1939年5月，叶挺在庐江东汤池组建了新四军江北指挥部，张云逸兼任指挥，徐海东任副指挥，赖传珠任参谋长，邓子恢兼任政治部主任。江北指挥部对第四支队进行整编，并成立了第五支队，徐海东、罗炳辉分任第四、五支队司令员。7月后，第四、五支队分别进入津浦路东、西地区发动游击战争，建立了以定远藕塘为中心的路西根据地和以来安半塔集为中心的路东根据地。同时，江北游击纵队一部在皖中巢县、无为坚持抗日斗争，一部进入和县、含山开展游击战争。至1940年，以上新四军粉碎日伪军的多次"扫荡"和顽军的摩擦，建立了10余县的抗日政权，巩固了皖中根据地，开辟了皖东根据地。

在豫皖苏地区，1939年1月，彭雪枫率新四军游击支队东进豫东，开辟商丘、亳县、永城抗日游击区。八路军总部派遣苏鲁豫支队、陇海南进支队各一部先后南下，与新四军游击支队配合作战，共同创建豫皖苏根据地。至年底，以新兴集为中心的豫皖苏游击根据地形成。1940年2月，新四军游击支队改称第六支队，彭雪枫任司令员兼政治委员，辖直属团及4个总队，共计17800余人。6月，黄克诚率八路军万余人南下与新四军第六支队会合，7月，两部合编为八路军第四纵队，彭雪枫任司令员，黄克诚任政治委员。8月，原新四军第六支队第四总队与八路军苏鲁豫支队、陇海南进支队合编为八路军第五纵队，黄克诚任司令员兼政治委员。之后，第五纵队执行"向东发展"任务，第四纵队执行"向西防御"任务，豫皖苏根据地进一步巩固。

在鄂豫边地区，武汉失守后，中共领导的抗日武装即在武汉外围地区开展游击战争。1939年1月，新四军独立游击大队成立，在李先念的率领下转战鄂豫边。6月，该部与陈少敏率领的信阳挺进支队会合，统编为新四军豫鄂独立游击支队（次年1月改称豫鄂挺进纵队，下辖5个团、1个总队），李、陈分任司令员和政治委员。之后，该部依托桐柏山、大洪山、大梧山和长江、汉水，在鄂豫边广泛开展游击战争，至1940年底，部队发展到1.5万余人，建立了包括10余县的鄂豫边根据地。

在苏中地区，新四军江南指挥部成立后，即令苏皖支队等部在江北扬州、泰州地区开展游击战争。1940年6月，泰州地方实力派李明阳、李长江部受国民党挑唆，向正在郭村休整的新四军挺进纵队发起进攻，新四军奋起反击，将二李击溃。之后，新四军继续团结二李共同抗日，粉碎了日伪军的连续"扫荡"，开辟了以黄桥为中心的苏中抗日根据地。7月，新四军苏北指挥部成立，陈毅、粟裕分任正副指挥。这时，国民党顽军不断在苏北地区制造反共摩擦，新四军坚持自卫立场，10月，在黄桥地区与国民党顽军韩德勤部展开激战，一举歼灭顽军万余人。接着，新四军连下东台、海安，在白驹镇与南下支援的八路军第五纵队会师。不久，苏北行政委员会成立，标志苏北抗日根据地正式形成。11月中旬，华中新四军八路军总指挥部在海安成立，叶挺、陈毅分任正副总指挥，刘少奇任政治委员，统一指挥华中八路军与新四军。

至1940年底，新四军广泛开展敌后游击战争，粉碎日伪顽的包围进攻，建立了总面积4.4万余平方公里、人口1400万的华中根据地，新四军发展到9万余人，成为坚持华中敌后抗战的重要力量。

在八路军、新四军开辟华北、华中敌后抗日战场的同时，中国共产党领导的抗日军队，也在华南开展了抗日斗争。

在东江地区，1938年10月广州失守后，八路军驻香港办事处即派曾生等人到惠阳组织抗日武装。12月，惠宝人民抗日游击总队在淡水成立，曾生任总队长，有队员100余人。1939年春，游击总队收复了淡水，建立了抗日民主政权。不久，该部与东莞游击队会合，组编为东宝惠边人民抗日游击大队，王作尧任大队长。游击队在广（州）九（龙）路两侧开展游击战争，到1940年，创建了东江抗日根据地，成立了东江人民抗日游击纵队，曾生任司令员，全队约5000人，成为一支有力的抗日武装。

在珠江地区，1938年10月下旬，在中共广东省委指导下，爱国人士吴勤组织了抗日义勇队。11月，吴勤与撤退到广宁县的广州市市长取得联系，领取了广州市区游击第二支队的番号（简称"广游二支队"），实际接受中共地方党组织的领导。1939年2月，中共南（海）顺（德）工委委员林锵云等组建了顺德抗日游击队（1940年9月编为广游二支队独立第一中队）。1940年5月，中共中山县委组建了抗日游击小队，不久发展成中队。6月，中共南（海）番（禺）中（山）顺（德）中心县委成立，统一领导珠江地区各抗日部队。以上部队广泛开展游击战争，并于1940年冬打退日伪军2000余人对西海的进攻，开创了以西海为中心的游击根据地。

在海南岛，1938年12月，琼崖红军游击队改编为广东省民众抗日自卫团第十四独立队，冯白驹任队长，共有300余人。1939年2月，日军进攻海南岛，独立队奋起抗敌。3月，独立队改称独立总队，下辖3个大队，人员扩大到1000余人。在游击战争中，独立总队初创了以琼山、文昌为中心的琼崖游击根据地。1940年，独立总队改称琼崖人民抗日自卫团独立第一总队，后又改为琼崖纵队，冯白驹任纵队长兼政治委员，庄田任副纵队长，李振亚任参谋长，下辖2个支队、1个大队、1个中队，共2000余人。至此，琼崖抗日根据地形成。

抗日战争进入相持阶段以后，中国共产党领导的抗日军队，在华北、华中和华南广泛开展敌后游击战争，至1940年，共粉碎日伪军千人以上至5万人的"扫荡"近百次，抗击了58%～62%的日军和几乎全部伪军，开辟了总面积数十万平方公里、人口达1亿的敌后抗日根据地，军队人数发展到50余万人，成为中国抗日的主力军。

## 8 战胜困难　坚持抗战

1940年9月27日，德、意、日法西斯签订《三国公约》，正式结成轴心国军事同盟，国际法西斯势力进入了最为猖狂的时期。为了迅速向太平洋地区扩张，日本侵华战略发生新的变化，它一面加紧对国民党的诱降，一面在"肃正"占领区的方针下，集中侵华日军60%以上的兵力，对中共抗日根据地发动更大规模的"扫荡"。在"扫荡"中，日军残酷地实行了烧光、杀光、抢光的"三光"政策。此时,由于正面战场军事压力减缓,国民党顽固势力的反共活动也日益频繁。在日伪顽的夹击下,加之连年自然灾害,1941年后,敌后抗战进入了严重困难时期。至1942年,八路军由40余万人减少到30余万人,全国抗日根据地人口由1亿人减少到5000万人。但是,共产党及其领导的抗日军队,没有被困难吓倒,各抗日根据地军民,以顽强的毅力和必胜的信心,在极端困难的条件下,继续坚持抗日斗争。

在华北敌后根据地,1941年,八路军共抗击了日军千人以上至7万人的"扫荡"78次;1942年共抗击日军千人以上至5万人的"扫荡"77次。由于八路军的英勇作战,日军"肃正"华北的阴谋始终未能得逞。

在晋察冀根据地,日本华北派遣军在冈村宁次指挥下,于1941年8月出动13万兵力分三路对北岳区实行"铁壁合围",企图一举消灭晋察冀区八路军主力。面对日军的猖狂进攻,晋察冀八路军采取以小股部队分散袭扰各路敌军,主力部队转到外线,使敌人腹背受击、首尾不能兼顾的作战方针。同时,八路军总部命令各根据地向敌人出击,以配合晋察冀区的反"扫荡"作战。经过八路军艰苦奋战,入侵北岳区的日军于10月中旬即被迫全部撤退。在这次反"扫荡"斗争中,八路军作战800余次,歼敌5500余人,共有1800多名八路军官兵英勇牺牲,出现了如狼牙山五壮士这样的战斗英雄事迹。次年,冈村宁次又集中5万兵力,从5月1日开始,对冀中根据地发起了"拉网扫荡"。

冀中军民奋起反击，两个月作战270余次，共歼敌万余人，创造了以2个连兵力歼敌千余人的宋庄战斗模范战例。这次斗争，冀中根据地也受到很大损失，全区被日军分割成2670余个小块，群众被害5万余人，军队减员46.8%。

在晋冀鲁豫根据地，1941年9月下旬至11月，日军先后对晋冀豫区、岳南新区、岳北区和太行区进行多次"扫荡"。这些"扫荡"均被根据地军民一一粉碎。1942年5月，日本华北方面军第一军集中3万余兵力，"扫荡"太行、太岳根据地，八路军英勇作战，歼敌5000余人，至11月粉碎了日军的进攻。八路军副总参谋长左权将军，亲自指挥部队掩护中共北方局和八路军总部机关转移，于6月2日在辽县十字岭壮烈牺牲。

在晋绥根据地，1941年至1942年，日军共发动"扫荡"33次，历时390天。其中最残酷的是1942年的春季"扫荡"，日军调集了2万余人的兵力，采取"铁壁合围"的战术，"蚕食"了晋西北根据地35%的地区，另有30%的根据地变成了游击区；同年秋季，日军2.5万余人对大青山根据地"扫荡"，侵占根据地15%的地区，其余部分变成了游击区。为了反击日军的扫荡和"蚕食"，晋绥军民执行中共中央关于"把敌人挤出去"的指示，逐村进行战斗，先后作战3000多次。其中在兴县田家会战斗中，八路军第三五八旅七一六团，包围日军第六十九师团八十五大队700余人，经过激战，击毙日军大队长村川大佐以下600余人。

晋绥根据地反"扫荡"战斗的胜利,保障了陕甘宁边区的安全。

在山东根据地,1941年,日军集中兵力先后对鲁西、湖西、鲁南、冀鲁边、清河、胶东及泰山区根据地进行"扫荡",其中规模最大的是11月对鲁中根据地的"扫荡"。这次"扫荡",敌人纠集日伪军共5万余人,企图一举歼灭山东根据地军政领导机关。八路军采取"敌人打进我这里来,我打到敌人那里去"的"翻边战术",与日军展开激烈战斗。至12月下旬,粉碎了日军的这次"扫荡"。1942年,日军又先后对鲁中、胶东、清河、冀鲁边等根据地进行"拉网合围扫荡",共建立据点3000余个,使山东根据地大部成为游击区。八路军第一一五师坚持与敌人展开游击战争。

在华北根据地的上述反"扫荡"斗争中,八路军普遍实行主力军、地方军和民兵相配合,内线外线相配合,集中与分散相配合等游击战术,并派武工队深入敌占区进行袭扰,灵活机动地打击敌人,使日军大量兵力陷入进退维谷的境地。

在华中敌后根据地,新四军也进行了艰苦的反"扫荡"、反"清乡"战斗,同时,还与国民党顽固派进行了针锋相对的斗争。

1941年1月7日,叶挺、项英率领新四军军部及皖南部队9000余人,由云岭出发绕道向苏南转移,途经泾县茂林地区时,突然遭到国民党第三战区8万余人的包围和攻击。激战至14日,终因弹尽粮绝,新四军除2000余人突围外,其余6000余人大部牺牲,另有一部被俘，军长叶挺被扣，副军长项英、参谋长周子昆遇害牺牲，政治部主任袁国平殉职。这就是震惊中外的皖南事变。

皖南事变发生后，蒋介石以国民政府军事委员会的名义，宣布新四军为"叛军"，撤销番号，叶挺革职审判。面对国民党掀起的反共高潮，中共中央一面揭露国民党破坏抗日的罪行，一面准备自卫反击。1月20日，中央军委发布重建新四军军部的命令，任命陈毅代理军长，刘少奇任政治委员，张云逸任副军长，赖传珠任参谋长，邓子恢任政治部主任。25日，重建的新四军军部在盐城成立。新四军重新组编后下辖7个师：以苏中地区部队改编为第一师，师长粟裕，政委刘炎；以淮南地区部队改编为第二师，师长张云逸（兼），政委郑位三；以苏北地区八路军第五纵队改编为第三师，黄克诚任师长兼政委；以淮北地区八路军第四纵队改编为第四师，彭雪枫任师长兼政委；以鄂豫地区鄂豫挺进纵队改编为第五师，李先念任师长兼政委；以苏南地区部队改编为第六师，谭震林任师长兼政委；以皖中地区部队及皖南突围部队改编为第七师，师长张鼎丞，政委曾希圣；另有八路军教导第五旅改编为独立旅，直属新四军军部。改编后的新四军共有9万余人。蒋介石消灭新四军的阴谋未能得逞，迫于舆论压力，不得不于3月6日表示，"以后决无剿共之军事"。

粉碎国民党顽固派的反共高潮后，新四军集中全力投入到反日伪"扫荡"和"清乡"的斗争中。

在苏中、苏北根据地，日军乘皖南事变之机，于1941年1月下旬进占黄桥，2月，诱使李长江部投降。之后，日伪军向海安、东台、盐城等地新四军发动"扫荡"。新四军第一师奋起反击，在泰州歼灭李部5000余人后转入敌后展开游击战，攻克敌据点多处，粉碎了日伪军的"扫荡"。7月，日伪军纠集1.7万余人，"扫荡"盐城、阜宁，新四军第三师等部转入外线与敌作战。至8月底，共进行135次战斗，歼灭日伪军3800余人，击沉敌汽艇30余艘，粉碎了敌人的"扫荡"。1942年6月至9月，苏中新四军再次粉碎敌人的"扫荡"；11月，苏北新四军也取得反"扫荡"战斗的新胜利。

在苏南根据地，日伪军于1941年7月，纠集1.5万余人开始对苏（州）常（州）太（仓）地区实行"清乡"。为防止新四军转移，日伪军在根据地周围以铁丝网、电网和竹篱笆建起封锁线，在根据地实行"梳篦式清剿"，在占领区内广修据点，建立保甲制度，清查户口，企图切断根据地与外界的联系，一举歼灭苏南新四军。由于敌我力量悬殊，苏南新四军主力转移到长江以北，开辟江都、高邮、宝应新区，部分队伍配合地方武装坚持苏南斗争。在内外线战斗配合下，苏南根据地于12月取得了反"清乡"斗争的胜利。

在鄂豫根据地，1941年冬至1942年春，新四军第五师在反"扫荡"斗争中3次进攻汉阳以西的侏儒山，战斗10余次，歼灭与击溃伪军各1个师，俘伪军近千人，开辟了汉川、汉阳、沔阳游击区，对武汉之敌造成威胁,迫敌收缩,从而粉碎了敌人的"扫荡"。1942年7月,第五师与军部联系困难,遂受中央军委直接领导。11月至12月,日军对鄂东、鄂中、鄂南进行"扫荡",均被新四军粉碎,鄂豫根据地得到了巩固。

在浙东地区,1941年4月,日军进犯浙、闽沿海,国民党军队溃败,杭甬路以北至杭州湾以南地区成为敌后地区,中共领导的地方游击队利用时机在浙东发动抗日武装斗争。经一年艰苦战斗,1942年8月,浙东成立了三北(姚江以北余姚、慈溪、镇海)游击司令部,柯克希任司令员,谭启龙任政委,下辖3个支队。10月,日伪军对浙东的"清乡"被粉碎,至此,形成了包括三北地区与四明山在内的120万人口的浙东游击根据地。

新四军在异常艰难和复杂的条件下坚持敌后游击战争,使华中抗日根据地得到巩固和发展,成为全国抗战的一个重要战略支点。

在华南地区,中国共产党领导的抗日武装,配合华北八路军和华中新四军,积极展开敌后游击战争,巩固和发展了抗日根据地。1941年,东江纵队粉碎了2000余日军和大批伪军的进攻。太平洋战争爆发后,东江纵队配合英军保卫香港,在广九铁路破坏敌人交通,并深入到九龙袭击日军。香港沦陷后,东江纵队积极营救受难同胞和国际友人,至1942年3月,从香港营救出包括国民政府驻港代表陈策、国民党广东驻军长官余汉谋夫人在内的同胞及英军军官等800余人。在海南岛,1942年春,日军在海口至文昌公路沿线增加据点和兵力,向琼崖根据地发起"扫荡"。琼崖纵队采取内外线配合的游击战争,断敌交通,袭敌据点,予敌以沉重打击。同年夏秋之间,日军5000人及伪军3000人,从海陆空三路向琼山、文昌进行合击。琼崖纵队以少数兵力坚持根据地斗争,主力转入外线作战,开辟新区,将游击战争向全岛发展,使敌人的"扫荡"计划破产。在珠江地区,中共领导的抗日军队,也取得了反"扫荡"斗争的胜利。

1941年至1942年的严重困难时期,中国共产党领导的抗日军队,在极端艰苦的条件下,坚持敌后抗日游击战争,取得了重大战绩。据统计,1941年7月至1942年7月,八路军、新四军共作战14648次,毙伤俘日伪军13.2万人。在反"扫荡"、反"蚕食"、反"清乡"的战斗中,八路军、新四军付出了巨大牺牲,敌后抗日根据地也相对缩小,但日本侵略者没有达到消灭根据地人民军队的目的。中国抗日战争由于敌后战场的艰苦斗争而得以继续,人民军队也在这一时期积累了丰富的战争经验,为根据地的恢复和转入对日作战的局部反攻做好了准备。

在严重困难时期,中国共产党领导的人民军队不仅经受住了军事斗争的考验,而且在军队自身建设方面取得了很大成绩。

1941年11月7日,中央军委发出《关于抗日根据地军事建设的指示》,指示主力军应采取"精兵主义",把注意力放在地方军和民兵的巩固和扩大上。之后,中共中央根据党外人士李鼎铭等人的建议,正式提出

"精兵简政"的施政方针。从12月起至1943年底,全军广泛开展了精兵简政工作,减少指挥层次和各级指挥机关人员,充实基层连队;缩编主力军,扩充地方军,建立主力军、地方军和民兵自卫队三位一体的人民武装体制;妥善安排超编干部和老弱病残战士。通过以上措施,全军指挥机关和主力部队人员减少,基层连队和地方部队得到加强,这既减轻了人民负担,又加强了军队战斗力。

1941年后,全党全军开展了以反对主观主义、宗派主义和党八股为内容的整风运动,全军除一些高级干部赴延安集中学习外,各根据地部队干部战士也积极参加了整风运动。全军指战员从中受到一次马克思主义的教育,普遍提高了政治思想水平,增强了团结,改进了思想作风和工作作风,从而为争取抗战的最后胜利奠定了思想基础。

为了克服经济困难,减轻人民负担,各根据地军民积极开展大生产运动,保证了军队供给,改善了军民生活,密切了军民、军政和官兵关系,打破了敌人对根据地的经济封锁,为夺取抗日战争的最后胜利奠定了物质基础。

由于敌人的包围和封锁,敌后各抗日根据地之间及其与中央间的联系十分困难,因此,各抗日根据地实行中共党组织的统一领导就愈显重要。为了加强党的领导,中共中央决定:各根据地党委是该地最高领导机关;各地军事政策和军事行动的大政方针须经党委集体讨论,具体行动由军队首长决定;主力军必须接受所在地区党委的领导。这次决定的实行，保证了党对军队的一元化领导，为夺取抗日战争的最后胜利奠定了组织基础。

另外，为了加强军队建设，中共中央还十分重视军队的学校教育。抗日军政大学除吸收军队干部参加学习外，还先后在晋察冀、晋绥、太行、太岳和山东等根据地建立分校，就地培养军事干部，及时输送干部到八路军各部。此外，军队还注意吸收青年学生和学有专长的知识分子，在战士中普及文化教育。这些措施，对于提高全军指战员素质，使军队向正规化方向发展，无疑起到了十分重要的作用。

### 4 打败日本侵略者

1943年，世界反法西斯战争形势发生转折。在欧洲战场，苏联红军取得斯大林格勒战役的胜利，开始进行反攻；美英联军在意大利西西里岛登陆，意大利政府向同盟国投降。在北非战场，德意军队遭到失败，向盟国军队投降。在太平洋战场，美军占领瓜达卡纳尔岛，开始转入对日军的战略反攻。

中国战场的形势也发生了重大变化。由于中国的持久抗战，特别是敌后战场人民军队的游击战争，给侵华日军以极大的消耗，敌我力量对比开始向有利于中国的方向转化。但是，日本法西斯为了挽救失败的命运，改变其在太平洋战场的不利地位，加紧了对中国的进攻，企图迅速结束对华战争，变中国为日本继续进行太平洋战争的战略基地。为此，侵华日军仍保有24个师团、12个旅团和13个航空兵中队，兵力超过60万人，并控制了大量伪军。因此，中国的抗战任务仍然十分艰巨，尤其是敌后战场的人民军队，仍处在日伪顽的包围之中，还须付出巨大的努力，才能最后打败日本侵略者。

在华北，日军的作战方针仍是以"剿灭华北建设致命之敌中国共产党军"为目标，作战重点继续指向八路军和根据地。根据形势的变化和日军的企图，中共中央规定1943年的对敌作战方针是：巩固根据地，坚持游击战，积蓄力量，准备反攻。军事指导原则的主要内容是：强化普遍的群众性的游击战争，巩固县区游击队，加强民兵建设，使之成为群众性游击战争的基本力量。根据中共中央的规定，华北各根据地很快掀起了群众性游击战争的高潮。

1943年，八路军在根据地人民的支援下，共作战2.48万次，歼灭了大量日伪军，攻克据点740多处，粉碎了敌人的大规模"扫荡"，打破了敌人的"蚕食"政策，使各敌后抗日根据地得到了恢复和发展，包括主力军、地方军和民兵自卫队在内的人民武装力量，得到了很大发展。在广泛的群众性游击战争中，根据地军民创造出地道战、地雷战、麻雀战等多种消灭敌人的有效方法，使侵略者陷入了人民战争的汪洋大海。同时，有数千支武工队深入到敌后，把军事斗争和政治斗争结合起来，起到了打击和瓦解敌人的双重作用。另外，八路军还挫败了国民党顽固派进攻陕甘宁边区的阴谋。

在华中，由于新四军处于日伪军和国民党顽军包围的复杂环境，至1943年仍然处于严重的困难之中。针对日伪顽夹击的严重形势，中共华中局根据中央的指示，号召各根据地军民坚持敌后艰苦斗争，实行军政机关轻装，主力部队分散，地方部队和民兵配合的作战方针，坚决粉碎敌人的"扫荡"、"清乡"和"蚕食"。根据这一方针，华中各根据地军民在1943年共作战4500余次，粉碎日伪军千人以上的进攻30多次，消灭日伪军3.6万余人，并挫败了国民党顽固派建立华中反共阵地的计划，使华中根据地渡过了难关，人民抗日力量得到新的发展。

华北、华中的敌后游击战争，使敌我力量对比发生了明显变化，人民军队完全走出困境，为抗日战争转入攻势作战准备了充分的条件。

1944年，世界反法西斯战争继续向着有利于反法西斯阵营的方向发展。苏联和盟国军队，已经在欧洲和太平洋战场展开了大规模的战略反攻，中国军队配合盟国军队取得了缅北反攻作战的胜利，并且收复了滇西大片国土。但是，日本法西斯不甘心失败，进一步加强了在中国战场的攻势作战。为了摧毁中国东南沿海的美国空军基地，防止美军对日本本土的空袭，并打通中国大陆交通线，以救援孤悬东南亚地区的50万日军，日军于1944年开始，发动了代号为"一号作战"的豫湘桂战役，向正面战场的国民党军队展开了大规模的进攻。国民党军事当局对日本的进攻缺乏准备，并且企图继续保存实力，因而造成正面战场的又一次全面溃退，很快丧失了豫、湘、桂、粤等省的大片国土，给中国抗战造成了消极影响。

中国共产党领导的人民军队，于1944年春季开始，在敌后战场向日伪军发动了局部反攻，以牵制和消耗敌人，救援正面战场的抗日友军，争取中国抗战的早日胜利。

在华北地区，八路军各部于1944年初开始，向日军力量薄弱的城镇据点和交通线，连续发动了春季、夏季、秋季攻势作战。

在晋察冀根据地，八路军从1月至10月，先后攻入卢龙、宁河、昌黎、赵县、晋县、博野、任丘、安新、定襄、涞源、河间、获鹿、灵邱、徐水、大城、易县、蔚县、雄县、沧县、深泽、饶阳、献县、平谷、安平等县，并一度攻入石家庄、保定等城市，拔除敌据点1500余个，冀中区完全恢复到"百团大战"前的状态；北岳区得到扩大；巩固并扩大了平西、平北、冀东区。

在晋冀鲁豫根据地，八路军从2月至11月，先后在太行区、太岳区、豫北区、冀鲁豫平原区收复了榆社、林县、沁水、济源、垣曲、内黄、濮阳、寿张等县，攻入武乡、太谷、陵川、左权（原称辽县）、阳城、和顺、元氏、沙河、朝城、清丰、莘县、尧山等县。另外，成立豫西支队进入豫西区，建立了包括16个县113万人口的新解放区。

在晋绥根据地，八路军作战一年，攻克敌据点95

个，解放村庄3000余个，收复大片国土，并对同蒲路北段和神池至五寨、五寨至三岔、离石至岚县、忻县至静乐、静乐至岚县等处公路展开8次全面破袭，沉重打击了日军。

在山东根据地，八路军在鲁中区，3月至4月歼灭吴化文伪军7000余人，攻克敌据点50余处；8月收复沂水，歼敌千余人；11月解放莒县，迫使伪军3500多人反正。在渤海区，7月至9月收复利津、乐陵、临邑、南皮等县，歼灭日伪军1.2万余人，解放人口400余万。在胶东区，8月至9月收复荣城、文登，解放人口140余万，并争取伪军海军600余人反正，组成胶东军区海防支队。在鲁南区，夏秋攻势歼敌1.7万余人，解放人口140余万。

华北八路军在1944年攻势作战中，共进行较大规模的战役50多场，大小战斗2万余次，歼灭日伪军15.5万余人，争取伪军2万余人反正，攻克县城22座、据点2348个，收复失地14万平方公里、村庄1.2万余个，解放人口1000余万，各根据地都有不同程度的发展。

在华中地区，新四军从1944年1月开始，主动向敌人出击，连续发动了攻势作战。

在春季攻势作战中，第一师先后攻克日伪据点30余个，歼敌1000余人，争取伪军1000余人反正，打通了苏中与苏北、淮北、淮南的联系。第二师攻克了雷官集、瓜埠集等敌据点。第三师攻克敌据点40多个，收复了苏北根据地被敌人占领的地区，并使淮海区与盐埠区连成了一片。第四师攻克敌据点51个,歼敌1800余人,收复泗县、灵璧、睢宁等县的许多地区。第五师在发展豫南、鄂南根据地的同时,向嘉鱼、蒲圻、临湘地区出击,打开了这里的抗战局面。

在夏、秋季攻势作战中,第一师在南通、如皋、海门地区攻克敌据点数十处,在苏南活动的第十六旅攻入长兴、溧水、溧阳县城,歼灭伪军千余人。第二师攻克三和集、殷家涧等据点,袭击了盱眙、定远县城,粉碎了日伪军对津浦路以西地区的"扫荡"。第三师在苏北沿海地区袭击敌据点多处,歼敌800余人,开辟了灌河、射阳河间的滨海地区。第四师攻克敌据点多处,歼灭伪军500余人,收复泗县以北大片地区,师长彭雪枫于9月11日不幸在反顽战斗中牺牲。第五师奉中央之命沿平汉线北上,在豫南地区先后建立了7个县的抗日政权。第七师沿长江两岸向西进攻,攻克敌据点多处,开辟了青弋江、芜湖、贵池游击根据地和东流、至德及彭泽以东的游击区。

华中新四军在1944年的攻势作战中,共进行大小战斗6582次,歼灭日伪军5万余人,争取伪军反正1853人,攻入县城6座,攻克据点1334个,收复失地7400平方公里,解放人口160多万,各根据地得到巩固和发展。

在八路军、新四军展开攻势作战的同时,华南游击队也于1944年扩大了游击战争规模。东江纵队在广九铁路沿线地区,连续袭击了常平、平湖、横沥、宝安、石滩等地,并攻入九龙市区炸毁铁路桥,攻入东莞，进攻寮步、清溪、厚街等敌据点。7月下旬后，东江纵队整编后共5440人，其中一部组成北上抗日先遣队开赴增城、罗博、从化地区活动，一度攻占清远城。珠江部队粉碎日伪军对五桂山区的"扫荡"后，袭击了横门岛，炸毁大环公路桥，攻入顺德县城和市桥等地。珠江部队还派部西进新会、台山，配合友军收复天亭、双水。10月后，珠江部队一部进至高明地区的皂幕山区建立根据地。琼崖纵队连续袭击才坡、永荣、极板、港门、南桥、六弓等地日伪军，并开辟了阜龙乡文头山游击区，逐渐将游击战争扩大到全海南岛。

留守陕甘宁边区的第一二〇师三五九旅一部4000余人，组成南下支队，王震任司令员，王首道任政委，于1944年11月由延安出发挺进湘粤，次年1月与新四军第五师一部会合于湖北大悟山，开辟湘鄂赣边根据地，7月继续南下，直达广东百顺地区，后因形势变化北撤中原。

1944年，八路军、新四军等部在攻势作战中共歼灭日伪军20余万人，攻克敌据点5000余个，收复县城22座，解放区面积扩大到61.9万平方公里，人口增加到9200余万人，主力军发展到65万，连同地方武装达到77.9万余人，民兵发展到168.5万余人。这就为即将到来的全面反攻创造了有利的条件。

1945年到来时，世界法西斯已临近末日，中国抗战也已看到胜利的曙光。中共领导的人民军队，继续向日伪军进攻。在春季攻势作战中，八路军共歼灭日伪军5.7万余人，收复县城24座，扩大解放区8万余平方公里，解放人口百万以上。新四军也在华中地区频频出击，攻克多处敌据点，消灭大批日伪军，缩小了沦陷区，扩大了解放区。华南人民武装也取得了很好的战绩。

1945年5月8日，德国法西斯宣布无条件投降，日本法西斯处于四面楚歌的困境。6月，太平洋战场上美军攻占了冲绳，打开了日本南部门户。在中国战场，日军被迫收缩兵力于华北和华中，妄图做垂死挣扎。根据形势的变化，4月至6月，中国共产党在延安召开了第七次全国代表大会，确定了"放手发动群众，壮大人民力量，在我党的领导下，打败侵略者，解放全国人民，建立一个新民主主义的中国"的政治路线。在军事方面，中共中央规定，人民军队必须"准备在抗战后期实行从抗日游击战争到抗日正规战争的战略转变"，"站在中国大陆的大反攻前线上，要担负极其重大的战略任务，来协同国内一切友军和同盟国军队打败日本侵略者"，并提出准备反攻的各项具体任务和措施。按照中共"七大"路线，人民军队开始向日伪军发起规模巨大的夏季攻势，积极为大反攻创造条件。

在华北，八路军各部同时展开攻势。山东军区部队发动了以胶济铁路东段为重点的攻势作战，先后取得歼灭日军第五十三旅团长田坂少将以下600余人的石桥伏击战及讨伐伪军厉文礼部、张步云部、张景月部等战役的胜利；晋察冀军区以向北发展为重点开展攻势作战，先后取得雁北、察南和热辽等战役的胜利；晋冀鲁豫边区部队向平汉铁路两侧及鲁西、晋南之敌发动进攻,先后取得东平、安阳、阳谷等战役的胜利;晋绥军区部队展开以夺取忻(县)静(乐)、神(池)义(井)公路为重点的攻势作战,袭据点,破公路,炸桥梁,毁汽车,使日军运输陷入瘫痪。在夏季攻势作战中,八路军各部共歼灭日伪军6.8万余人,收复县城33座,扩大解放区6.8万平方公里,解放人口240余万。

在华中,新四军各部在夏季攻势作战中,先后取得宿南、睢宁等战役的胜利,连同春季攻势作战,共歼灭日伪军3.8万余人,扩大解放区8万余平方公里,解放人口240多万,华中各抗日根据地基本连成了一片。

在华南,中共领导的各抗日游击队,在东江两岸、珠江三角洲和琼崖地区广泛开展游击战争,继续给敌人以沉重打击,1945年共歼灭日伪军1800余人,缴枪1000多支(挺)、炮6门,根据地进一步巩固并扩大。

通过春、夏季攻势作战,共产党领导的人民军队共歼灭日伪军16万余人,收复县城60多座。到8月初,全国解放区面积已达86.4万余平方公里,人口超过1亿,人民军队发展到93万余人,民兵达220余万人。夺取抗日战争最后胜利的全面反攻,已经具备了充分的条件。

1945年7月26日,中、美、英三国联合发表《波茨坦公告》,要求日本立即无条件投降。日本法西斯统治集团企图做最后挣扎,不肯接受《波茨坦公告》。8月6日和9日,美国分别向日本广岛和长崎投放原子弹。8月8日，苏联宣布参加《波茨坦公告》并对日本宣战；9日，苏联100万红军进入中国东北直接对日军作战。同日，毛泽东发表《对日寇的最后一战》声明，号召八路军、新四军和其他人民军队，向日寇发起广泛的进攻，夺取抗日战争的最后胜利。10日，日本政府向同盟国发出乞降照会。同日，蒋介石发布三道命令：令八路军原地待命，不许"擅自行动"；令伪军"负责维持地方治安"，等待国民党军队收编；令国民党军队"积极推进"。显然，国民党蒋介石准备与中国共产党争夺抗战胜利果实。针对蒋介石的态度，毛泽东指出："抗战的胜利应当是人民的胜利，抗战的果实应当归给人民。"朱德、彭德怀也代表八路军致电蒋介石，据理抗拒蒋介石的命令，同时命令全军，向拒不向我军投降的日伪军发动全面反攻。

从8月10日开始，共产党领导的人民军队各部分别对华北、华中、华南地区日伪军占领的城镇和交通要道发起了大规模的反攻。此时，国民党军队在美国的帮助下，从空中和海上匆匆向沿海交通要道和主要城市开进。15日，日本广播天皇《停战诏书》，宣布投降，但日军听从美国和蒋介石的旨意，拒绝向人民军队投降。针对当时的情况，中共中央和中央军委于8月22日决定改变夺取大城市和交通要道的战略方针，命令我军转取中小城市和广大乡村，坚决歼灭拒降之敌。

在全面反攻和歼灭拒降之敌的作战中，八路军、新四军和华南游击队，经过激烈战斗，共毙伤俘日军

1.3万余人、伪军38.5万余人，缴获步枪24万余支、机枪5000余挺、各种炮1300余门，攻克县以上城市250多座，收复了大片国土。

9月2日，日本外相重光葵、参谋总长梅津美治郎，代表日本政府和日军大本营，在美国军舰密苏里号上向同盟国代表正式签署了无条件投降书。至此，第二次世界反法西斯战争全部结束，中国抗日战争取得了最后的胜利。

在八年抗战中，中国共产党领导的人民军队，与日伪军作战共计12.5万余次，歼灭日军52.7万余人、伪军118.6万余人，缴获各种枪69万余支（挺）、各种炮1800余门，抗击了侵华日军的大部和几乎全部伪军，收复国土100余万平方公里，解放人口1.2亿。在八年抗战中，人民军队也付出了重大牺牲，共有60余万官兵，为了中华民族的解放事业献出了宝贵的生命。人民军队在敌后战场的英勇奋战和流血牺牲，对中国抗日战争得以坚持并赢得最后的胜利，起到了至关重要的作用。

在八年艰苦抗战中，人民军队得到空前壮大，由抗战初期的5万余人，发展到抗战胜利时的120余万人，民兵则达到260余万人。在长期的敌强我弱条件下，在日伪顽并存的复杂环境中，人民军队积累了丰富的军事斗争和政治斗争经验。在八年抗战中，人民军队培养出大批优秀指挥员，广大战士的素质得到了普遍提高，军队武器装备也有很大改善，全军向着正规化方向不断迈进，整体战斗力有了显著的提高。

# 四 为建立新中国而奋战的中国人民解放军

## 1 争取和平 准备自卫

世界反法西斯战争和中国抗日战争胜利后，国际国内形势发生了很大变化。在国际上，德、意、日法西斯被彻底打败；英、法等国在战争中受到严重削弱；美国则上升为世界头号帝国主义强国；苏联一方面在战争中受到巨大创伤，一方面又在战争的反攻阶段向欧洲扩展了势力。世界政治格局，开始由反法西斯阵线与法西斯阵线的对立，转变为以苏联为首的包括东欧一些国家在内的反帝国主义阵营与以美国为首的帝国主义阵营的对立。同时，战争给人类造成的危害，又使得对立的国际政治势力，为了避免重新陷入战争灾难，不约而同地开始寻求于己有利的势力均衡局面。因而，对抗与妥协并存，成为世界政治的新特点。

在中国国内，抗日战争的胜利，是中国百年来第一次反对外国侵略战争的完全胜利，这为中华民族的复兴创造了前所未有的好条件。但是，随着中日民族矛盾的消失，国内阶级矛盾重新在中国政治中取得了支配地位，而阶级矛盾的逐渐激化，又使中华民族复兴的希望，蒙上了一层阴影。是建立一个代表人民大众利益的政治民主的中国，还是建立一个代表大地主大资产阶级利益的政治独裁的中国，在这个问题上，国共两党之间存在着尖锐的矛盾。而饱受战争苦难的中国人民，迫切希望在和平的环境中休养生息，反对内战。

根据政治形势，中国共产党兼顾中国人民的眼前利益与长远利益，一方面尽最大的努力维护国内和平，一方面与国民党的独裁统治做坚决的斗争，制订了争取和平，准备自卫的政策方针。而国民党蒋介石却不顾中国人民的利益，在抗日战争尚未完全结束的时候，即匆匆调兵遣将，企图占据华北、华中和东北战略要地，完成对解放区的包围，准备随时向共产党领导的人民军队发动大规模的进攻。

国民党的内战政策已经确定，但是，为了推卸发动内战的罪责，并争取时间运兵，又玩弄起"和平"阴谋。1945年8月14日、20日和23日，蒋介石连续电邀毛泽东到重庆谈判，其目的是：如毛泽东不来，则内战责任由共产党承担；如毛泽东来，则乘机逼迫共产党交出解放区和人民军队。

针对蒋介石的阴谋，中共中央采取了以革命的两手对付反革命的两手的方针。一方面，答应蒋介石的要求，派遣毛泽东、周恩来、王若飞赴重庆与国民党谈判，并准备做出某些让步，向全国人民表明共产党争取和平建国的诚意；一方面，做好反对内战的准备，要求全军站在自卫的立场，对敢于进攻的国民党军队予以坚决、彻底、干净、全部的消灭，以制止或推迟全面内战的发生。无论是和平谈判，还是军事自卫，人民军队都将发挥重要的作用。

8月28日，毛泽东、周恩来、王若飞由延安飞抵重庆，29日开始与国民党进行谈判。在谈判中，共产党坚持和平、民主、团结的方针，对国民党取消解放区和人民军队的要求进行了针锋相对的斗争，同时，做出撤出南方八块根据地人民军队等让步。但是，蒋介石毫无和平诚意，谈判期间，即迫不及待地下令进攻解放区。

9月中旬，国民党军阎锡山部1.7万余人，首先向晋东南解放区中心上党地区发起进攻。下旬，阎锡山又增兵2万余，企图一举消灭晋东南人民军队，控制平汉、同蒲交通线，再向华北其他人民军队发起进攻。为了粉碎国民党的阴谋，支援毛泽东等人在重庆的谈判，中共中央军委果断下令对阎部予以坚决反击，由刘伯承、邓小平指挥晋冀鲁豫人民军队，在上党地区展开了保卫抗战胜利果实的首次战役。上党战役自9月10日开始，至10月12日结束，人民军队共歼灭国民党军3.5万余人，缴获长短枪1.6万余支、机枪2000余挺、山炮24门，粉碎了国民党军的进攻，从而加强了中共在重庆谈判中的地位，迫使蒋介石同意签订"和平协定"。

10月10日，国共两党代表签署了《国共双方会谈纪要》(即《双十协定》),国民党被迫同意共产党提出的避免内战、和平建国及实现民主政治的方针,预定召开由各党派及无党派代表参加的政治协商会议,共商国是。

《双十协定》签订后,共产党领导的人民军队主动由长江南岸地区后撤,以促成和平局面的实现。但是,国民党仍不肯放弃取消解放区和人民军队的立场,也从来没有打算遵守和平诺言。尚在国共谈判期间,蒋介石即下令向各战区国民党军队散发他在十年内战时期编写的《剿匪手本》。《双十协定》墨迹未干,他又于10月13日颁发"剿匪"密令,并先后出动100多万军队和50多万原伪军,向华北、华中及华南计11省的解放区发起进攻。

对于蒋介石的背信弃义,共产党早有准备,并制订了应付局面的办法:一方面,继续为争取和平而努力,揭露蒋介石的"和平"欺骗;一方面,坚持自己的立场,对来犯之敌予以坚决反击。

在平汉路方面,国民党军于10月14日,由第十一战区马法五、高树勋等部共3个军约4.5万余人,分两路由新乡北进,侵入邯郸地区,企图打通平汉路,配合阎锡山部摧毁晋冀鲁豫解放区。晋冀鲁豫军区根据中央军委的指示,集中了主力部队和地方军共6万余人及民兵10万余人,采取诱敌深入的方针,力求包围歼灭来犯之敌。24日,国民党军进入马头镇、磁县间后,被军区主力部队包围。30日,高树勋率国民党新编第八军1万余人,在马头镇宣布起义。接着,军区部队发动强大攻势。战至 11 月 2 日，国民党军除少数人向南突围逃走外，第十一战区副司令长官兼第四十军军长马法五以下 1.7 万人被俘。此役，军区部队共歼敌 2 万余人，缴获步枪 9000 余支、各式机枪 1700 余挺、火炮 300 余门，挫败了国民党军打通平汉线和摧毁晋冀鲁豫解放区的企图。

在津浦路方面，国民党军从 10 月开始，调集了 7 个军的兵力及原伪军 2 个军，分别抢占济南、泰安、兖州、临城、浦口、蚌埠等地，企图控制津浦路南段后向北进攻解放区。为了粉碎敌人的阴谋，中央军委命令山东军区及新四军各一部，在徐州至济南间发动津浦路战役。战役由 10 月 18 日开始，至 1946 年 1 月 13 日结束，被山东军区和新四军歼灭和争取起义的国民党军及原伪军共 2.8 万余人，使国民党军控制津浦路北进的愿望破灭。

在平绥路方面，国民党第十二战区司令长官傅作义部 6 万余人，为了与八路军争夺绥远地区，1945 年 8 月底至 9 月上旬侵占了已被八路军解放的集宁、丰镇等地。10 月中旬，傅作义部又集中 10 万人的兵力，由集宁、丰镇全线出动，大举进攻张家口。晋察冀、晋绥军区遵照中央军委指示，调集 14 个旅约 15 万余人，于 10 月 18 日发动绥远战役，向傅作义部反击。战至 12 月 14 日，共歼傅部 1.2 万余，击溃了傅作义部的进攻，打破了国民党军侵占张家口和控制平绥路的企图。

除以上战役外，华北和华中其他解放区也打退了国民党军队的进犯。据统计，从 10 月初至 11 月上旬，解放区军队在自卫战中共歼灭国民党军10余万人，使蒋介石吞并解放区和剪除人民军队的阴谋未能得逞。不仅如此，国民党进攻解放区的行动还遭到了全国人民的谴责。在这样的情况之下，蒋介石被迫从"剿共"战场重新回到了谈判桌前。为了欺骗和敷衍舆论，也为了争取时间，做好内战的充分准备，蒋介石同意共产党提出的停战与召开政治协商会议的要求。1946年1月10日，根据"停止国内军事冲突"的协议，国共双方同时下达停战命令，规定从13日零时起双方停止一切军事行动，由国共两党代表和美国代表组成的北平军调处执行部负责监督停战。

1月10日至31日，由全国各党派及无党派代表参加的政治协商会议在重庆召开，通过了关于政府组织、和平建国纲领、国民大会、宪法草案和军事等问题的协议。这些协议，反映出中国人民对和平与民主的要求，在实质上否定了国民党的一党专政和独裁统治，标志着共产党和中国人民在反对国民党独裁统治的斗争中取得了一定的胜利。

但是，政治协商会议通过的协议毕竟只是纸上的东西，事实上，它对国民党蒋介石丝毫不能产生约束力。在暂时的和平表象下，蒋介石加紧了发动全面内战的准备。从1月13日至5月底，国民党先后向解放区周围运送了42个军118个师共130万人的兵力，并向解放区发动局部进攻多达4365次，累计使用兵力超过了200万人，造成了关外大打、关内小打的局面。

对于国民党蒋介石准备发动全面内战的阴谋，中国共产党早有预料,并且做好了应付全面内战的充分准备。在抗日战争中已经发展壮大起来的人民军队,成为中国人民反抗国民党反动派压迫的主力军。

为了维护中国人民的利益,准备反抗国民党反动派的军事进攻,在抗日战争结束不久,中共中央就十分重视人民军队的建设问题。

在政治思想教育方面,抗日战争胜利后,人民军队各部队普遍进行了形势教育、阶级教育和组织纪律性教育。世界反法西斯战争胜利后,一些国家的共产党解散了人民军队,放弃武装斗争,走上了议会斗争的道路。在中国,也有人因为缺乏对中国社会基本特征的了解,产生了"抗战胜利,可以解甲归田"的思想。针对这种错误思想,人民军队在形势教育中,十分注意使广大官兵了解国情,认清美国扶助下的蒋介石集团向人民争夺抗战胜利果实,及其假和平、真内战,妄图武力消灭共产党和人民革命力量的阴谋;在阶级教育中,则重视对蒋介石集团的阶级本质进行分析,号召广大官兵提高阶级觉悟。此外,配合人民军队的整编,各部队还教育官兵克服家乡地域观念,增强组织纪律性。这些教育,对于稳定全军官兵思想,统一全军意志,起到了非常重要的作用。

在军队组织建设方面,抗战胜利后,中共中央制订了使军队进一步向正规化方向发展的措施。1945年8月20日,中央军委明确规定:在对日大反攻期间编组野战兵团的基础上,各战略区野战兵团的数量应占全部兵力的3/5到2/3,并应建立实施机动作战的指挥机构,使其既可在本战略区实施机动作战,也可到其他区域作战,从组织上迅速完成以游击战为主要作战形式向以运动战为主要作战形式的战略转变;同时,指示全军应加强炮兵等特种兵建设。在组建野战兵团的过程中,采取逐步升级的方法,即区小队升编为县大队,县大队升编为独立团或旅,分区独立团升编为野战纵队。同时,为保证野战部队的战斗力,采取新老合编和重点保证主力相结合的原则,每个纵队至少保留一个战斗力强的旅,每个旅至少保留一个战斗力强的团,其他各旅、团均有一定数量的老部队做骨干。这些措施,既保证了主力部队的强大战斗力,又使其他部队得到巩固和发展。

在提高军队战斗力方面,各部队普遍开展了练兵运动。1945年冬,各解放区野战军先后组成,地方部队也有很大发展,但与国民党军队相比,在数量和装备方面还处于劣势。为了弥补数量与装备的不足,人民军队确定了提高官兵素质以增强战斗力的方针。在此方针下,各解放区掀起了练兵运动的热潮。参加练兵运动的有野战兵团、地方军和民兵;练兵内容包括刺杀、射击、投弹及夜战等项目;练兵方式包括官教兵、兵教兵、兵教官等。通过群众性的练兵运动,提高了广大官兵的军事技术,增进了官兵之间、军民之间、军政之间的团结。随着自卫战争的不断胜利,人民军队的装备也得到了极大改善,建立了一定数量的炮兵和工兵部队;军队后勤工作调整后也有很大改善,军火弹药的生产也得到较大发展。这一切都表明人民军队的战斗力得到了显著的提高。另外，在开展练兵运动的同时，各解放区还进行了减租运动和生产运动，使解放区人民群众获得了很大的经济利益，激发了人民群众支援军队保卫解放区的热情。在打败蒋介石、解放全中国的战争中，人民群众给予人民军队极大的人力和物力支援，成为人民军队战胜敌人的坚强后盾。

在进行人民军队各项建设工作的同时，中共中央还对军事战略部署进行了调整，制订了"向北发展，向南防御"的方针，组编了野战兵团。

东北地区工业发达，资源丰富，交通便利，南与冀热辽、晋察冀解放区相连，并与山东解放区隔海相望，东、北、西三面与朝鲜、苏联接壤，因而战略位置十分重要。早在1931年，东北即因蒋介石的不抵抗政策而遭沦陷，直至抗日战争结束，国民党在东北地区没有一兵一卒。但为了对中共解放区形成南北夹击之势，国民党急于派军队占领东北。共产党领导的抗日联军，在东北坚持了长达14年之久的抗日斗争，苏联红军出兵东北后，冀热辽军区和胶东军区的人民军队，为配合苏军肃清日伪势力，迅速开入东北。为了摆脱被国民党军队包围的局面，把东北建设成人民军队的战略基地，中共中央于9月19日制订了"向北发展，向南防御"的战略方针。接着，中央从各解放区抽调部队和干部开赴东北。为了加强东北工作，中共中央决定成立东北局，彭真任书记，并先后派出4名政治局委员（彭真、陈云、高岗、张闻天）、1/4以上的中央委员和候补中央委员、2万余名干部进入东北。

10月31日，中央军委决定由进入东北的军队统一组成东北人民自治军。至11月底，进入东北的部队已达20万人，整编为21个师，建立了10个军区，并成立了东北坦克大队和航空队，人民军队第一次有了坦克兵种和空军。1946年1月，东北人民自治军改称东北民主联军，林彪任司令员，彭真、罗荣桓分任第一、第二政治委员。至3月，东北民主联军总兵力已发展到31万人。

在"向北发展"的同时，中共中央也采取措施"向南防御"，并组编了野战兵团。为巩固防御，从1945年9月下旬开始，新四军先后从南方八省解放区撤出，江南新四军撤到江北，江北新四军大部北上山东和冀东。12月上旬，中央命令新四军军部兼山东军区，陈毅任军长兼军区司令员，饶漱石任军政委兼军区政委，下辖滨海、胶东、渤海、鲁中、鲁南军区，所属部队18万人；同时组成山东野战军，陈毅任司令员，黎玉任政委，下辖7万人。苏皖边区新四军组成华中军区和华中野战军，华中军区司令员张鼎丞，政委邓子恢，下辖淮南军区和7个军分区部队约11万人；华中野战军司令员粟裕，政委谭震林，下辖苏浙军区北移部队及苏中、苏北、淮北等地区部队约4万人。原八路军南下支队由鄂南、湘东、粤北撤至桐柏山为中心的鄂豫解放区后，与河南军区部队会同新四军第五师，组成中原军区，李先念任司令员，郑位三任政委，下辖6万余人。陕甘宁晋绥联防军由王世泰任代司令员，习仲勋任政委，下辖5个野战旅约3万人。晋绥军区组成晋绥野战军，贺龙任司令员，李井泉任政委，辖4个野战旅共3万余人。晋冀鲁豫军区由刘伯承任司令员，邓小平任政委，辖5个野战纵队共8万余人，另有地方部队23万人。晋察冀军区由聂荣臻任司令员兼政委，由冀热辽、冀察、冀晋、冀中军区主力部队编成8个野战纵队，后组成第一野战军（聂荣臻任司令员兼政委，下辖4个纵队）和第二野战军（萧克任司令员，罗瑞卿任政委，下辖5个纵队），全区野战部队共18万人，地方部队12万人。

人民军队战略部署的调整和野战兵团的组编，为进一步粉碎国民党军队的进攻创造了有利条件。

在东北，国民党军队从1945年10月开始，陆续进入东北，向人民军队发起进攻。11月，中共中央决定部队撤出东北交通线上的大城市，向中小城市和乡村发展。1946年2月上旬，国民党主力新编第一、六军到达东北后，即向辽阳、营口、沈阳、法库等地发动进攻。至5月初，国民党共向东北运送了7个军以上的兵力，并占领了沈阳、辽阳、抚顺、铁岭、四平、长春、永吉等地。对于国民党军队的进攻，人民军队采取了"让开大路，占领两厢"的方针，一面给敌一定还击，一面在离国民党军队占领地较远的城市和广大乡村发动群众，巩固根据地，逐步积蓄力量，使人民军队在东北站住了脚跟。

在关内，国民党军队也从未停止对解放区的进攻。由于人民军队采取自卫的立场，使敌人蚕食冀鲁豫、晋南、冀东等解放区的阴谋未能得逞，同时，人民军队在山东发起讨逆战役，歼灭被国民党收编的原伪军3万余人。

从抗战结束到1946年6月，中国共产党在争取和平、准备自卫的方针下，以人民军队做后盾，取得了谈判斗争和军事斗争的胜利。人民军队也在这个时期得到了迅速发展，全军共编成野战军27个纵队、6个旅，共计61万余人；地方军33个军区辖102个军分区45个独立师，共计66万余人。人民军队的发展壮大，为粉碎国民党即将发动的全面内战奠定了坚实的基础。

## 从战略防御到战略反攻

1946年6月26日，国民党蒋介石以围攻中原解放区为起点，悍然挑起了全面内战。

内战爆发时，国民党军队共有430万人，其中正规军200万人，因得到大量美国军事援助和接收了原侵华日军100万人的装备，所以武器质量和数量都十分优越，不仅步兵装备了冲锋枪、各种大炮、汽车和坦克等，而且空军和海军还拥有一定数量的飞机和军舰。当时，国民党占据着全国3/4面积的土地，统治着3亿人口，控制着全国主要交通要道和经济发达的大城市，并在财政上得到了美国的大力支持。

与国民党军队相比较，人民军队总兵力127万人，武器装备落后，除在自卫战中缴获了一些先进武器外，全军基本处于"小米加步枪"的水平。虽然有1亿人口的解放区，但大部地处经济落后的农村，缺乏工业基础,而且不能得到外援。

由于国民党军队在物质方面占据了显著的优势,因而蒋介石妄想要在3~6个月之内首先消灭关内人民军队,然后再解决东北问题。为了达到速战速决的目的,国民党发动全面内战后,立即出动了80%的正规军,共计160万人,向各解放区发起了全面的战略进攻。其部署是:以58个旅46.3万人进攻华东解放区,其中进攻苏皖解放区的为31个旅27.2万人,进攻山东解放区的为27个旅19.1万人;以25个旅21.7万人进攻中原解放区;以28个旅24.9万人进攻晋冀鲁豫解放区;以18个旅16.2万人进攻晋察冀解放区;以20个旅19.7万人进攻晋绥解放区;以19个旅15.5万人进攻陕甘宁解放区;以9个旅7.5万人进攻广东游击区和海南岛解放区。

面对国民党军的猖狂进攻,毛泽东提出了"一切帝国主义和反动派都是纸老虎"的著名论断,并且指出,在战略上藐视敌人的同时,必须在战术上重视敌人。根据这一思想,中共中央一面号召全党全军树立战胜蒋介石的决心,一面根据敌强我弱的实际情况制订了积极防御的战略方针。7月20日,中共中央提出:战胜蒋介石的作战方法,一般是运动战。因此,若干地方、若干城市的暂时放弃,不但是不可避免的,而且是必要的,是为了争取最后的胜利。9月16日,毛泽东为中央军委起草了《集中优势兵力,各个歼灭敌人》的指示,提出人民军队的作战方法是:应以集中兵力打运动战为主,以分散兵力打游击战为辅。而在蒋军武器加强的条件下，必须特别强调集中优势兵力、各个歼灭敌人的作战方法。这些方针，对于人民军队粉碎蒋介石的全面进攻，起到了十分重要的作用。另外，鉴于国民党挑起的全面内战已经发生，人民军队于9月间开始使用中国人民解放军的称号。

解放军首先粉碎了敌人的全面进攻。1946年6月底，中原解放区主力部队分两路向西突围。右路军1.5万余人，在李先念率领下于29日越过平汉线，7月下旬进入陕南，同陕南游击队会合后在伏牛山以西、陇海路以南、汉水以北地区创建游击根据地，8月3日组成鄂豫陕军区，其中第三五九旅由王震率领于8月底进入陕甘宁解放区。右路军1万余人，在王树声率领下于7月1日越过平汉路后进入长江以北、大巴山以东、汉水以南，创建了以武当山为中心的游击根据地，8月27日组成鄂西北军区。为掩护主力部队向西突围，中原军区一部7000余人东进，于7月下旬进入苏皖解放区，编入华东野战军；另有一部在原地坚持游击战争。中原部队突围成功，实现了战略转移，并牵制了30多个旅的国民党军，有力地配合了其他解放区部队的反围攻作战。

华东解放区南临长江，北至胶济铁路，包括苏皖与山东，是华中野战军和山东野战军的活动区域。由于这里临近国民党统治中心的京沪地区，因此蒋介石在发动中原进攻后不久，即调重兵向华东解放区扑来。

国民党军队首先向苏皖区发起进攻。7月13日，汤恩伯指挥集结在南通、靖江、泰州、扬州、江阴等处的15万兵力，开始向苏中解放区发起进攻，企图一举消灭华中野战军。为了打乱国民党的进攻计划，争取主动，华中野战军主力3万余人在粟裕、谭震林的指挥下，采取集中兵力、大步进退、在运动中寻机歼敌的战略战术，与来犯之敌展开了激烈的战斗。战至8月31日，华中野战军在苏中地区取得七战七捷的辉煌战绩，共歼敌5万余人。9月中旬，华中野战军转移到苏北，粉碎了敌人对苏中地区的进攻。国民党军在进攻苏中地区的同时，于7月18日分三路向淮北解放区发起进攻。这时，陈毅率领山东野战军主力进入淮北寻机歼敌，于27日至29日，在朝阳集地区全歼由夹沟东犯之敌5000余人。9月上旬，国民党军又进犯苏皖解放区之淮阴，遭华中、山东野战军重创后溃退。

12月，国民党军集中25个半旅向苏北、鲁南发起进攻，企图打通陇海路东段，结束苏北战事。15日至19日，华中、山东野战军主力在宿迁以北地区全歼来犯之敌第六十九师共2万余人。接着，华中、山东野战军在鲁南地区与敌展开激战，至1947年1月20日，歼灭国民党军2个整编师、1个快速纵队共计5.3万余人，并缴获火炮200余门、坦克24辆、汽车470余辆，从而极大地改善了解放军装备。鲁南战役后，华中、山东野战军合并编成华东野战军，陈毅任司令员兼政委，粟裕任副司令员，谭震林任副政委，辖主力部队27万人；成立华东军区，陈毅、张云逸分任正副司令员，饶漱石、黎玉分任正副政委，下辖苏中、苏北、鲁南、鲁中、胶东、渤海等6个军区，所属部队30万人。1月下旬，国民党又集中31万人进攻鲁南。为求歼敌之机，华东野战军主力秘密北上，于2月19日将国民党军李仙洲部包围在新泰、莱芜地区，至23日，全歼李部7个师共7万余人。至此，蒋介石进攻华东解放区的计划被粉碎。

晋冀鲁豫解放区西起同蒲路，东至津浦路，北起正太、德石路，南跨黄河及陇海路。1946年8月起，国民党军分三路进攻冀鲁豫、豫北和晋南，刘伯承、邓小平指挥晋冀鲁豫野战军奋起迎敌。

8月10日起，晋冀鲁豫野战军以主力部队发动陇海路战役。11日、12日，先后攻占了砀山、兰封等城镇，歼敌5000余人，控制铁路300余里。至22日，陇海路战役结束，人民解放军共歼国民党军1.6万余人，攻克县城5座，切断了敌东西交通干线。陇海路战役后，国民党军集中14个整编师共30余万人，从东西两侧夹攻冀鲁豫解放区，企图消灭晋冀鲁豫野战军于陇海路以北定陶、曹县地区。解放军采取集中优势兵力各个击破的作战方针，将国民党军第三师和第四师一部诱至定陶以西大黄集预设战场，从9月3日至8日，共歼敌1.7万余人。接着，晋冀鲁豫野战军又连续取得以下战斗胜利：10月3日至7日，在巨野歼敌5000余人；10月29日至31日，在鄄城地区歼敌9000人；11月18日至22日，在滑县地区歼敌1.2万人；12月30日至1947年1月14日，攻克巨野、金乡、鱼台等9座县城，歼敌1.6万余人；1月24日至2月4日，在豫皖边歼敌9000余人。

在晋南地区，国民党军队从1946年7月开始，从南北两面夹击解放区，企图打通同蒲路南段。晋冀鲁豫野战军第四纵队等部首先于13日至22日，集中兵力在闻喜、夏县地区消灭南面之敌6000余人，又于8月14日至9月1日，在洪洞、赵城地区消灭北面之敌万余人，接着于9月22日至24日，在临汾、浮山地区歼敌4000余人。11月20日至1947年1月28日，晋冀鲁豫野战军第四纵队与晋绥野战军第二纵队配合作战，在吕梁战役和汾（阳）孝（义）战役中，共歼敌2万余人，打破了国民党军进犯陕甘宁边区的企图，并解放了晋西南广大地区。

晋察冀解放区和晋绥解放区西起黄河，东达冀东，北越平绥路，南至北太路。1946年7月开始，晋察冀、晋绥野战军投入到反击国民党军队围攻的战斗。7月4日至8月15日，晋察冀、晋绥野战军分兵一部连续在晋北作战，共歼敌8000余人；同时集中主力，于7月30日至9月16日，包围和进攻大同，但因守军工事坚固，未达攻城目的，歼敌1.2万余人后撤围。9月底，国民党军集结重兵进攻张家口，解放军战至10月11日，给敌重大杀伤后撤离。11月初，国民党军又以2个军的兵力进犯晋察冀腹地。解放军于11月2日至12月26日，在易县、满城地区连续粉碎敌人的三次进攻，共歼敌7900余人。接着，解放军乘平汉路北段国民党军力量空虚，于1947年1月20日至28日发动保（定）南战役，歼敌8000余人，攻克望都、定县、新乐三座县城。

由于国民党忙于对关内各解放区的全面进攻，东北地区从1946年6月至10月，出现了相对平静的局面。在此期间，东北解放军一面加强解放区建设，一面休整补充部队。至11月底，东北解放军已经发展到36万人。这时，东北的国民党军队与地方保安团共计40余万人，重新向解放区发起了进攻。东北解放军奋起反击，于10月31日至11月2日，首先取得新开岭战役的胜利，一举歼敌8000余人。之后，国民党采取"先南后北"的战略方针，企图吞并南满解放区后再转兵北上，夺取东北全境。针对国民党的阴谋，东北解放军制订了巩固北满、坚持南满、南打北拉、北打南拉、相互支援的战略方针。1947年1月至3月，北满解放军连续三次出击松花江以南地区，共歼敌3.5万余人；同时，南满解放军于1月5日至4月4日，进行了四次保临江的作战，共歼敌3.9万余人。通过"三下江南"和"四保临江"的战役，粉碎了国民党"先南后北"的进攻计划，为东北解放军日后的反攻作战创造了条件。

从国民党发动全面内战以来至1947年2月，解放军在近8个月的作战中，以消灭敌人有生力量为目标，虽然放弃了一些城市，但取得了歼灭国民党军队71万余人的战绩，并且缴获了大量先进武器和其他物资，使解放军的装备有了很大的改善。这时，中国人民解放军已经发展到168万人。

由于敌我力量对比开始发生变化，蒋介石已经无力继续全面进攻解放区。1947年3月，国民党军队被迫放弃对解放区的全面进攻，开始对解放区实行重点进攻。其战略企图是：向西进攻陕甘宁解放区，驱逐解放军总部并向东压迫；向东进攻山东解放区并向西压迫；然后从东西两翼合兵北上，进攻解放军。

针对国民党的战略企图，中共中央和中央军委采取如下战略方针：继续消灭敌人有生力量，争取在今后几个月内再歼敌40个至50个旅。为此，在陕北和山东战场，实行诱敌深入，集中优势兵力逐批消灭进攻之敌的作战方针；在其他战场，实行战略性反攻，收复失地，牵制和消灭敌人，配合陕北、山东战场粉碎敌人的重点进攻。

1974年3月，国民党军队34个旅约25万人，开始向陕甘宁解放区发动进攻。当时，西北野战军在陕甘宁的部队只有两万余人。根据敌强我弱的形势，中共中央决定暂时放弃延安，利用陕北有利地形和良好的群众基础，诱敌深入，采用"蘑菇战术"，集中兵力在运动中各个歼灭敌军。3月13日，国民党胡宗南部14万人在10余架飞机和2000余门火炮的掩护下，分两路进攻延安。西北野战军在延安以南地区与胡部激战七昼夜，共歼敌5000余人，掩护中共中央机关撤出了延安。3月26日，中共中央决定，由毛泽东、周恩来、任弼时组成中共中央前敌委员会，留在陕北坚持斗争；刘少奇、朱德等人组成中央工作委员会，转入河北平山县西柏坡进行中央委托的工作。毛泽东及解放军总部留陕斗争，增强了全军和全国人民战胜蒋介石的信心。3月25日，毛泽东指挥部队以少量兵力诱国民党军第三十一旅至青化砭解放军主力伏击地，仅一小时战斗，即全歼该敌2900余人。之后，西北野战军一直牵着国民党军的鼻子转，将其拖得筋疲力尽。4月14日，西北野战军在羊马河一举歼敌4700余人。5月4日，野战军乘敌北上，袭击其重要补给地蟠龙，歼敌6800余人，并缴获大批武器装备。随后，西北野战军主力西进，于5月29日至7月7日，先后进行了陇东、三边战役，歼敌2400余人。至此，蒋介石对陕甘宁解放区的重点进攻被彻底粉碎。

4月上旬，国民党调集45万人开始进攻山东解放区。华东野战军按照中央军委的指示，采取"诱敌深入"的作战方针，以一部正面阻敌，主力分向国民党军两端反击。4月22日至26日，野战军主力在泰安一举歼敌第七十二师2.4万余人；29日，又收复宁阳，歼敌1个团。5月11日，国民党军分三路"跟踪进剿"，企图压迫华东野战军至胶东狭窄地区。华野集中兵力发动孟良崮战役，从13日至16日，经激烈战斗，击毙国民党军"王牌"第七十四师师长张灵甫，歼敌3.2万余人。孟良崮战役给蒋介石以沉重打击，迫使他暂时停止对山东解放区的进攻。经过40多天的喘息，6月25日，国民党军重新向山东解放区发起进攻。华东野战军遵照中央军委指示，以4个纵队留在内线抗击敌人进攻，以5个纵队转至外线作战，分别向鲁南和鲁西敌人后方出击，消灭敌人有生力量。7月7日至10日，华东野战军连克费县、枣庄、峄县、泰安，并出击津浦路徐州至滋阳段；13日攻克大汶口后，横扫津浦路西，连克肥城、东阿、平阳等地。与此同时，内线部队于 17 日至 29 日进行了南麻、临朐战役，歼敌 1.6 万余人。至此，蒋介石对山东解放区的重点进攻被粉碎了。

为配合陕甘宁和山东解放区粉碎国民党军队的重点进攻，其他各解放区战场，解放军积极向国民党军实施进攻。晋冀鲁豫野战军发动豫北、晋南攻势，歼敌 5.4 万余人；晋察冀野战军发动正太、青仓等战役，歼敌 5.5 万余人；东北解放军发动夏季攻势，歼敌 8 万余人。1947 年 3 月至 6 月，解放军共歼敌 40 余万人，收复和解放城市 153 座，蒋介石对解放区的重点进攻彻底失败了。

经过一年的防御作战，中国人民解放军共歼灭国民党正规军 97.5 个旅，连同非正规军，总计 112 万人。国民党军队虽经多次补充，却已经由内战开始时的 430 万人下降到 370 万人，其中正规军则由 200 万人下降到 150 万人，而且兵力分散，后方空虚，士气低落。与此相反，中国人民解放军的总兵力已由战争开始时的 127 万人上升到 195 万人，其中正规军由 60 万人发展到 100 万人以上，武器装备也因作战缴获而有了极大的改善，而且全军士气十分高涨。在政治方面，国民党发动内战，坚持独裁，大失民心；共产党则因伸张正义而威信大增。经济方面，国民党强敛民财，腐败成风，使国统区民生凋敝；解放区则因实行土地改革而促进了生产的发展。上述情况说明，敌我力量对比，已经向着有利于共产党和中国人民的方面发生了重大变化。

根据变化了的形势，中共中央和中央军委决定，从1947年7月开始，中国人民解放军由战略防御转向战略反攻。当时，国民党军队对陕甘宁和山东解放区的重点进攻虽然失败了，但其主力仍滞留在东西两端，在中部漫长的战线上，兵力却十分薄弱。根据国民党军两头强、中间弱的战略态势，中央军委决定实行中间突破的战略方针，具体作战部署如下：第一，由刘伯承、邓小平率领晋冀鲁豫野战军第一、二、三、六纵队共12万人组成刘邓大军，从鲁西北强渡黄河，千里挺进大别山，在鄂豫皖边区创立根据地。第二，由陈赓、谢富治率领晋冀鲁豫野战军第四、九纵队和西北民主联军第三十八军共6万人组成陈谢大军，从晋南渡黄河攻击陇海路潼关至郑州段，尔后挺进豫西、陕南、鄂北，创建鄂豫陕根据地；由陈毅、粟裕率领华东野战军第一、三、四、六、八、十纵队组成陈粟大军，从鲁西南挺进豫苏皖，恢复豫苏皖解放区，从而形成刘邓、陈谢、陈粟三路大军互为犄角、互相支援的品字形阵势。第三，在东西两翼牵制敌人，东面，由许世友、谭震林率领华东野战军留在内线的第二、七、九、十三纵队组成东线兵团，在胶东把敌人引向渤海之滨；西面，由彭德怀指挥西北野战军出击榆林，把敌军拖向沙漠边缘。

1947年6月30日，刘邓大军在东阿至濮县300里地带，一举突破国民党军防线南渡黄河，开始了解放军的反攻作战。从7月7日至28日，刘邓大军发动了鲁西南战役，共歼敌9个半旅6万余人，为挺进中原创造了条件。鲁西南战役结束后，蒋介石集中8个师共18个旅向刘邓大军扑来，企图阻止刘邓大军前进。经与中央商议，刘邓大军果断采取不要后方、直插大别山的作战方案，于8月11日跨越陇海路，分三路急进大别山。刘邓大军克服黄泛区泥沼给行军带来的困难，埋掉重武器和车辆，提出"走到大别山就是胜利"的口号，勇敢地与国民党军优势兵力奋战，终于打开了一条血路，于8月27日到达大别山区。这时，蒋介石派出23个旅开入大别山，企图乘刘邓大军立足未稳，一举将之消灭或挤走。在敌强我弱的情况下，刘邓大军一面与国民党军战斗，一面发动群众，经两个多月的奋斗，共歼敌3万余人，初步建立了包括33个县政权的大别山根据地。与此同时，陈谢大军歼敌5万余人，建立了包括8个专署、39个县政权的豫陕鄂根据地；陈粟大军歼敌2万余人，攻克县城24座，扩大了豫苏皖解放区。

解放军突破中原的作战计划成功后，蒋介石极为恐慌，急令白崇禧率15个师又3个旅的兵力向大别山发起围攻。面对国民党绝对优势兵力的进攻，刘邓大军顽强抗击，以邓小平率3个纵队坚持在大别山拖住与消耗敌人，刘伯承率余部转入外线作战。陈谢大军东进与陈粟大军会合，发动平汉、陇海路破袭战，分散国民党军进攻大别山的兵力。11月至12月，三军配合共歼敌6.9万余人，粉碎了国民党军对大别山的围攻，并使鄂豫陕和豫皖苏解放区连成了一片。至此，解放军中央突破的战略意图得到实现。

在挺进中原作战的同时，东西两线解放军同时发起了反攻作战。在西北战场，从8月6日开始，西北野战军向榆林守敌出击，调敌增援部队北上。18日，国民党军第三十六师进入沙家店西北野战军伏击地遭到攻击，战至20日，西野歼敌6000余人。9月至10月，西北野战军连续向国民党军发动进攻，共歼敌2万人。在山东战场，华东野战军于9月歼敌1.4万人后转入外线作战。10月2日至8日，华东野战军在昌邑歼敌1.2万人。11日，国民党军从山东抽兵增援中原，至30日，又被解放军歼灭万余人。接着，华东野战军连续作战，收复了胶东广大地区，使胶东、滨海、鲁中区连成了一片。至12月，华东野战军在山东战场共歼敌6.3万余人。与此同时，华东野战军还在苏北地区向国民党军出击，收复了盐城、泰兴、靖江、海门、如皋等地。

在华北其他战场和东北战场，解放军也开始了反攻作战。晋察冀战场，解放军10月取得清风店战役的胜利，歼敌1.7万余人；11月攻克石家庄，歼敌2.4万余人。晋冀鲁豫战场，解放军10月围攻运城，至12月克城，歼敌1.3万余人。东北战场，解放军从9月开始向国民党军发动冬季攻势，至1月5日，共歼敌6.9万余人，攻克15座城市，扩大解放区面积3.8万平方公里。

中国人民解放军从防御转入进攻后，经过半年作战，至1947年底，共歼灭国民党军75万人，其中包括正规军 54 个旅的兵力。中国革命战争的总形势发生了历史性的转折,人民军队自 1927 年创立以来,第一次由防御地位转入进攻地位。在这历史转变的紧要关头,中国人民解放军总部于 10 月 10 日发布《中国人民解放军宣言》,不失时机地提出了"打倒蒋介石,解放全中国"的伟大号召。从此,解放军在各个战场向国民党军发起了更加猛烈的进攻。

### 3. 伟大的战略决战

"打倒蒋介石,解放全中国"的口号,意味着中国人民解放军将肩负起从反攻到决战直至最后取得革命战争完全胜利的重任。其中,进行战略决战,是实现上述口号的关键。为了造成进行战略决战的条件,中国人民解放军一面在军事上继续采取消灭敌人有生力量的作战方针,一面加紧自身建设,从而争取在敌我力量的对比上占据绝对优势。

首先,解放军加强了对国民党军的进攻。

经过 1947 年下半年的作战,攻防形势逆转,蒋介石被迫采取分区防御计划,在全国划分 20 个"绥靖区",并成立了华北、东北、徐州、华中 4 个"剿匪"总司令部,企图以中原战场为中心,防御解放军继续向南进攻,以确保长江以南国民党的基本统治区。针对蒋介石的企图,中共中央军委决定:解放军继续外线作战,集中兵力在运动中大量歼灭敌人有生力量,并在有把握的情况下尽可能多地夺取国民党占领的战略要地和中等城市。

在中原地区,国民党在8个"绥靖区"内部署了86个旅共66万人的兵力,企图控制平汉、陇海铁路线,形成"十字架"式的防御体系。为了打破国民党军的防御体系,解放军采取集中优势兵力歼灭各分散之敌的作战方针,连续向国民党军发动进攻。1948年3月8日,晋冀鲁豫野战军和华东野战军各一部发起洛阳战役,战至14日,攻克洛阳,全歼守敌2万余人。为调动敌人,野战军主动撤出洛阳,待其兵力分散后,又于4月5日再克洛阳,歼敌4600余人,切断了中原与西北国民党军的联系。5月2日,野战军发起宛西(南阳以西)战役,战至17日,歼敌2.1万,收复县城9座。这样,拥有3000万人口的中原解放区基本巩固。为了适应战争形势,中共中央和中央军委于5月9日决定重建中原军区,并将刘邓野战军和陈谢大军改为中原野战军,刘伯承任军区和野战军司令员,邓小平任政委,陈毅任第一副司令员(兼华东野战军司令员及政委),李先念任副司令员。5月24日至6月3日,中原野战军发起宛东战役,歼敌万余人。6月17日至7月6日,华东野战军与华中野战军配合作战,发起豫东战役,共歼敌9万余人,生擒兵团司令区寿年。与此同时,中原野战军一部乘国民党军北援汉水流域空虚之际,发起襄樊战役,攻克樊城、襄阳等城,歼敌两万余人,活捉第十五"绥靖区"司令官康泽。至此,解放军在中原地区共歼灭国民党军27万余人,打破了蒋介石的中原防御体系。

在西北地区,国民党胡宗南部对陕甘宁的重点进攻失败后,在延安、洛川、宜川一线部署主力,企图以机动防御阻止解放军南进。根据全国战局和西北战局的形势,中共中央军委指示西北野战军转入外线作战。1948年2月,西北野战军采取围点打援的作战方针,先于24日包围了宜川,再设伏于洛川至宜川公路,战至3月1日,共歼灭国民党守军和援敌近3万人,击毙第二十九军军长刘戡。4月中旬至5月中旬,西北野战军又连续发动西府、陇东战役,捣毁胡宗南后方宝鸡补给地,收复延安、洛川,共歼敌2.1万余人。至此,胡宗南的机动防御体系崩溃。

在华东地区,华东野战军山东兵团从3月11日开始,发动了胶济路西段战役,经10天激战,共歼敌3.8万余人,收复城镇14座。4月2日至26日,华东野战军发动胶济路中段战役,共歼敌4.5万余人,攻克潍县、昌乐、安邱等城。5月29日开始,华东野战军又发起津浦路中段战役,战至7月13日,歼敌6.3万,形成对济南国民党军的包围态势。至此,山东解放区完全连成一片。与此同时,苏北解放军从3月至6月先后发起益林、盐(城)南、涟水等战役,共歼敌1.9万余人。

在华北地区,解放军的作战以配合东北战场、牵制华北国民党军的行动为主要目的。3月至5月,晋察冀军区部队发起察绥战役,歼敌1.8万余人,收复察南大片地区。同时,晋冀鲁豫军区部队发动了临汾战役,从3月7日至5月17日,全歼临汾及外围守敌共

2.5万余人。5月9日,中共中央和中央军委决定将晋察冀和晋冀鲁豫解放区合并为华北解放区,刘少奇兼任中共中央华北局第一书记,董必武任华北联合行政委员会主任,聂荣臻任华北军区司令员,薄一波任政委。原晋冀鲁豫军区部队编为第一兵团,徐向前兼任司令员和政委;原晋察冀军区部队编为第二兵团,杨得志任司令员,罗瑞卿兼任第一政委,杨成武任第二政委;8月,以北岳军区第一纵队和第二兵团一部组成第三兵团,杨成武任司令员,李井泉兼任政委。为切断华北与东北国民党军的联系,第二兵团于5月中旬至6月下旬,向平西、热西、冀东地区出击,连克丰宁、平泉、丰润、昌黎、隆化等城,歼敌2.4万余人,截断了北宁路。6月11日至7月16日,第一兵团发动晋中战役,共歼敌10万人,并完成了对太原的包围。7月15日至20日,杨成武部发动保(定)北战役,歼敌1.2万余人。上述作战扩大了华北解放区,同时有力地支援了东北战场解放军作战。

在东北地区,东北民主联军在1947年秋季攻势结束时,总兵力达到73万人,其中正规军35万人。1948年1月1日,中央军委批准东北民主联合军改称东北人民解放军。此时,国民党军队在东北有45个师(旅)共58万人,其主力部署在沈阳至锦州北宁路沿线,企图保持与关内的联系。为了不给敌人喘息之机,东北解放军继秋季攻势后,又于1947年12月至1948年3月向国民党军发起了冬季攻势。经过90天的激烈战斗,解放军攻克四平、辽阳、鞍山等18座城市,共歼敌15.6万余人,将敌人压迫在长春、沈阳、锦州等孤立地区,为全歼东北之国民党军创造了条件。

经过以上作战,解放军在半年间再歼国民党军77万,至1948年6月,歼敌总数已达152万余人,这就为解放军实行战略决战,创造了军事方面的有利条件。

其次,解放军努力加强自身建设。

全面内战爆发以后,有100多万翻身农民加入到人民军队的行列,还有80多万起义或被俘的国民党军队士兵参加了解放军。新兵数量的增长,一方面壮大了力量,一方面使军队中的不良作风有所滋长。另外,在不断取得胜利的情况下,一些指战员产生了骄傲情绪,官僚主义、军阀主义和个人主义的错误时有发生。为了端正作风,保持人民军队的优良传统,提高广大官兵的政治思想觉悟,以适应形势的迅速发展,为实行战略决战准备好内部条件,毛泽东和中央军委决定,在全军开展以"诉苦"(诉旧社会和反动派给予劳动人民之苦)和"三查"(查阶级、查工作、查斗志)为主要内容的新式整军运动。1947年冬至1948年春,解放军各部队普遍进行了新式整军运动。

通过新式整军运动,提高了全军官兵的阶级觉悟。新参军的农民战士,通过土地改革前后自身情况的对比,认识到"打倒蒋介石,解放全中国"的重要意义;参加解放军的原国民党军队士兵,通过在两种军队的不同经历对比,认识到解放军是为劳苦大众求解放的军队;老战士则进一步受到教育,更坚定了将革命进行到底的决心。

通过新式整军运动,增强了军队内部和外部的团结。在内部,广大官兵认识到官僚主义、军阀作风和无组织无纪律等错误的危害,增强了官兵间的团结,军队纪律得到了加强。在外部,广大官兵对人民军队为人民服务的宗旨有了进一步认识,积极自觉地拥政爱民,支持土地改革,增强了军政、军民之间的团结。

通过新式整军运动,发扬了部队三大民主。政治上,开展批评与自我批评,实行官兵政治平等;经济上,反对贪污浪费,成立由战士选出的经济委员会,监督部队经济;军事上,战士可以充分发表意见,评指挥,评战术,评纪律,评作风,并展开官教兵、兵教官的练兵运动。

为了加强共产党对军队的领导,1947年2月,中央军委决定恢复军队中的党委制,在团以上部队建立党委会。1948年9月,中共中央又作出《关于健全党委制》的决定,要求各级军队党委实行党委会议制度,一切重要问题,除紧急情况下由首长临机处置外,均须党委会讨论决定,然后由首长分别执行。这种党委领导下的首长分工负责制,保证了共产党对军队的绝对领导。此外,中央军委在加强部队组织纪律性、优待教育俘虏,瓦解敌军等方面,也分别作出了新的规定。通过新式整军和其他关于军队建设措施的实行,中国人民解放军在政治、组织、军事等方面都有很大提高,全军战斗力大为增强,为执行战略决战任务准备了充分的内部条件。

另外,在中国人民解放军转入战略进攻之后,为了迅速打败敌人，1947年12月，毛泽东在中央会议上科学、系统地总结人民军队长期作战的经验，提出了著名的十大军事原则，其主要内容是：①先打分散和孤立之敌，后打集中和强大之敌。②先取小城市、中等城市和广大乡村，后取大城市。③以歼灭敌人有生力量为主要目标，不以保守或夺取城市和地方为主要目标。④每战集中绝对优势兵力，四面包围敌人，力求全歼，不使漏网。⑤不打无准备之仗，不打无把握之仗。⑥发扬勇敢战斗，不怕牺牲、不怕疲劳和连续作战的作风。⑦力求在运动中歼灭敌人，同时注重阵地攻击战术，夺取敌人的据点和城市。⑧在攻城问题上，一切敌人守备薄弱的据点和城市，坚决夺取之；一切敌人有中等守备，而环境又许可加以夺取的城市，相机夺取之；一切敌人守备强固的据点和城市，则等候条件成熟时夺取之。⑨以俘获敌人的全部武器和大部人员，补充自己。⑩善于利用两个战役间的间隙，休整和整训部队，却不给敌人获得喘息的时间。十大军事原则，高度概括了人民军队在长期战争中形成的宝贵经验，它对提高全军战斗力和作战指挥水平有极其重要的作用，是指导中国人民解放军在即将到来的战略决战时期很快打败敌人的重要战略战术原则。

以上军事斗争和军队建设，为解放军实行战略决战准备了充分的条件。到1948年秋，敌我力量对比进一步发生变化。经过两年作战，国民党军队共损失309万人，经补充后尚有365万人，但军队士气低落，人心动摇，战斗力明显下降。国统区经济危机，民怨沸腾，出现了反对蒋介石独裁统治的第二条战线；解放军总兵力发展到 280 万人，其中野战军 149 万人，武器装备有了极大改善，解放区总面积扩大到 230 万平方公里，人口达到 1.68 亿，生产发展，经济走向繁荣，共产党的威信日益提高。上述形势表明，中国人民解放军与国民党军队进行决战的时机已经到来。

1948 年 9 月 16 日，华东野战军在粟裕、谭震林的指挥下，发动了济南战役。经过八昼夜激战，华东野战军攻克济南，歼灭守敌 10 万人，国民党第九十六军军长吴化文率部 2 万余人起义。济南战役使解放军取得了"带决战性的攻坚"战役经验，由此拉开了战略决战的序幕。同年 9 月至 1949 年 1 月，中国人民解放军连续组织了辽沈、淮海、平津三大战役，实施了以彻底打垮国民党军事力量为目标的伟大的战略决战。

1948 年 9 月 12 日至 11 月 2 日，东北野战军发动了辽沈战役。当时，以卫立煌为首的国民党东北战略集团，总兵力有 55 万人，被分割在长春、沈阳、锦州三块狭小地区。以林彪为司令员、罗荣桓为政委、刘亚楼为参谋长、谭政为政治部主任的中国人民解放军东北野战军，总兵力有 103 万人，已经解放了东北 97% 以上面积和 86% 人口的地区。根据东北野战军所处优势地位，中央军委和毛泽东提出封闭东北，各个歼灭东北各敌的作战方针，并据此方针，规定作战重点放在锦州。锦州是东北通向关内的唯一陆上通道，"歼灭锦州唐山一线"之敌，既可封闭北宁路，形成"关门打狗"的态势，又可诱使沈阳之敌出援，形成

"围锦打援"大量歼灭国民党军有生力量的有利局面。林彪对南下北宁路攻打锦州有所顾虑，但经过中央军委和毛泽东的说服，最终下定决心，按照中央军委的部署，具体组织和指挥了辽沈战役。

辽沈战役共分三个阶段。

第一阶段，从9月12日至10月21日。12日，东北野战军在辽宁义县至河北省滦县300多公里的战线上向国民党军发起进攻。至10月1日，先后肃清了昌黎、北戴河、绥中、塔山、高桥、兴城、义县之敌，完成了对锦州的包围。2日，蒋介石飞抵沈阳，下令从华北及山东抽调7个师，会合锦西和葫芦岛的4个师编成侯镜如"东进兵团"；以沈阳地区11个师、3个骑兵旅组成廖耀湘"西进兵团"，东西对进，增援锦州。14日，东野对锦州发起总攻，从三面打开10个突破口，经激烈战斗，于15日攻克锦州，全歼国民党东北"剿总"副总司令范汉杰以下10万守军。同时，东北野战军在塔山和黑山、大虎山地区分别击溃了国民党军东进、西进兵团，歼灭众多敌军。17日，长春之国民党第六十军军长曾泽生拒绝蒋介石突围命令，率部起义；19日，东北"剿总"副总司令郑洞国率部投降；21日，长春和平解放。

第二阶段，从10月21日至28日。东北野战军攻克锦州、解放长春后，蒋介石再次飞赴沈阳，命令廖耀湘"西进兵团"与"东进兵团"配合"规复锦州"，并以一部占领营口，打通撤退通道。21日，廖耀湘兵团在大炮和飞机掩护下猛攻东野壁山、大虎山阵地，经五天激战，解放军700余名官兵壮烈牺牲，为主力部队合围廖耀湘兵团赢得了时间。26日，东野主力部队完成对廖敌的分割包围。战斗至28日，全歼廖兵团10万余人，生擒兵团司令廖耀湘。

第三阶段，从10月28日至11月2日。东北野战军歼灭廖耀湘兵团后，于10月28日分途向沈阳、营口急进，力图全歼东北残敌。至31日，先后解放了新民、抚顺、辽阳、鞍山、海城。11月1日，东野对沈阳发起总攻，2日攻克沈阳，歼敌13万余人。同日，营口也被东野攻占。至此，辽沈战役全部结束。

辽沈战役历时52天，东北野战军以伤亡6.9万人的代价，共歼灭国民党军47万余人，为战略决战开创了一个良好的开端。

1948年11月6日至1949年1月10日，人民解放军发动了淮海战役。当时，国民党军刘峙集团、黄维兵团等部共80余万人，以徐州为中心，部署兵力于津浦、陇海铁路线上，组成"一点两线"的防御阵地，企图阻挡解放军南下，固守中原，屏障南京。为了歼灭该敌，中共中央军委决定，由邓小平、刘伯承、陈毅、粟裕、谭震林组成淮海战役总前委，邓小平任书记，统一指挥华东野战军、中原野战军及中原、华东、华北地方部队共60万人，在以徐州为中心，东起海州，西迄商丘，北起临城（今薛城），南至淮河的广大地区，向国民党军展开猛烈进攻。

淮海战役也分成三个阶段。

第一阶段，从11月6日至22日，以"集中兵力歼灭黄百韬兵团,完成中间突破"为作战重心。黄百韬兵团位于徐州以东,歼灭该敌可断刘峙集团一臂,并吸引徐州之敌东援,在运动中歼其一部,同时还可切断敌人海上逃路。11月6日,解放军分三路向黄百韬兵团展开攻击。7日,黄部由新安镇地区西窜,解放军猛烈追截。8日,中共秘密党员何基沣、张克侠率第三"绥区"国民党军2.3万余人起义。11日,解放军在碾庄将黄百韬兵团合围。此时,蒋介石急令邱清泉、李弥兵团向东增援,并调黄维兵团由豫南驰援徐州,但均遭阻击,伤亡惨重。16日,解放军向黄百韬兵团展开猛烈攻击,激战至22日,全歼该敌10万余人,击毙黄百韬。

第二阶段,从11月23日至12月15日,以歼灭黄维兵团为作战主要目标。黄百韬兵团被歼灭后,蒋介石为确保徐州地区部队南退通道,命令黄维兵团经南坪集向东北,邱清泉、李弥、孙元良3个兵团由徐州向南,李延年、刘汝明两兵团由蚌埠向北,三路对进,夺取宿县。根据黄维兵团远途而来孤军冒进的情况,淮海战役总前委决定由中原野战军主力围歼黄维兵团,以华东野战军阻击另两部敌军。11月23日,战斗打响;24日,解放军全线出击;25日,将黄维兵团合围在宿县西南双堆集地区;27日,中共秘密党员廖运周率国民党军第一一〇师起义;12月13日,解放军发起总攻;15日全歼黄维兵团10万余人,黄维被俘。在此前后,解放军有效地阻击了南、北两面援敌,并将杜聿明部30余万人全部包围在陈官庄、青龙集、李石林等地。

第三阶段,从 12 月 16 日至 1949 年 1 月 10 日,以全歼杜聿明集团为最后作战目标。黄维兵团被歼后,杜聿明集团已成瓮中之鳖,为防止蒋介石平津之敌南下,影响解放军已经展开的平津战役,毛泽东决定淮海战场解放军从 16 日起暂停进攻,一面休整,一面对敌进行政治攻势。17 日,毛泽东发表《敦促杜聿明等投降书》,杜拒绝投降,但其手下却有 1.4 万人先后投诚。1949 年 1 月 6 日,解放军向拒降之敌发起总攻,战至 10 日,全歼该敌,击毙邱清泉,生擒杜聿明,淮海战役结束。

淮海战役历时 66 天,解放军以伤亡 13.4 万人的代价,共歼国民党军 55.5 万余人,并进至长江北岸,为后来的渡江战役创造了条件。

1948 年 11 月 29 日至 1949 年 1 月 31 日,解放军发动了平津战役。当时,蒋介石对华北采取了"暂守平津,控制海口,扩充实力,以观时局变化"的方针,命令傅作义率 50 余万人,以天津、北平、张家口为重点,在东起滦县,西至怀来长达 500 公里的战线上布置防御。为防止傅作义部逃向江南,中央军委决定在淮海战役尚未结束时即提前发动平津战役,将傅作义部全部歼灭于平津地区。参加平津战役的有东北野战军 80 万人及华北野战军 20 万人。为了统一作战指挥,1949 年 1 月 10 日,中共中央决定由林彪、罗荣桓、聂荣臻组成平津战役总前委,林彪任书记。

平津战役仍分为三个阶段。

第一阶段,从 1948 年 11 月 29 日至 12 月 20 日,

以完成对敌战略包围和分割为作战目标。11月29日，华北野战军首先向张家口外围之敌发起进攻，堵住敌人西窜道路；12月7日，将国民党军第三十五军包围在新保安。同时，东北野战军主力分路入关，先后占领天津与北平外围地区。至20日，国民党军被分割在塘沽、天津、北平、新保安、张家口五个孤立的据点，西窜与南逃道路均被切断。

第二阶段，从1948年12月21日至1949年1月5日，以"先打两头，后打中间"方针对国民党军发起围歼。12月21日，解放军扫清新保安外围之敌；22日，解放新保安，歼灭国民党军第三十五军1.6万余人；23日，围歼张家口外逃之敌，24日，全歼该敌5.4万余人，收复了张家口；1949年1月14日，解放军向拒绝投降的天津国民党军发起总攻，经29个小时激战，解放了天津，全歼守敌13万，生擒天津警备司令陈长捷；17日，解放军占领塘沽，歼敌3000余人。

第三阶段，从1月16日至31日，以和平解放北平为目标。这时，在北平的傅作义部约25万人，已经处在解放军的重兵围困之中。鉴于北平是中国文化古城，为保护其免遭战火，解放军先后三次与傅作义进行谈判，向其提出和平条件。21日，傅作义接受解放军的条件，双方达成《关于和平解决北平问题的协议》；31日，解放军和平进入北平。至此，平津战役结束。

平津战役历时64天，解放军以伤亡3.9万人的代价，共歼灭和改编国民党军52万余人。北平的和平解放，产生重大政治影响，不久，国民党绥远省主席董其武也接受了解放军的和平条件。

辽沈、淮海、平津战役共进行了 4 个多月，在战略决战中，中国人民解放军取得了决定性胜利，共歼灭国民党军 154 万，解放了长江中下游以北的广大地区，中国民主革命的最后胜利，已经指日可待了。

## 4 风雨下钟山　解放全中国

从 1946 年 6 月国民党蒋介石挑起全面内战，到 1949 年 1 月中国人民解放军发动的三大战役结束，中国革命形势发生了极为显著的变化。

国民党方面，在军事力量上，两年半的时间里，国民党军队共损失 495 万余人，所余兵力为 204 万人，其中正规军只剩下了 115 万余人；接连不断的军事失败与解放军的强大政治攻势，又使得国民党军队广大官兵普遍产生厌战情绪，士气低落，军队战斗力下降到历史最低点；在战略态势上，国民党军队长江以北防线全面崩溃，长江以南防线也由于兵力分散而难于固守；在政治上，蒋介石发动内战以来的种种倒行逆施，不仅使人民反对独裁统治的呼声日益高涨，也使国民党统治集团内部出现了众叛亲离的局面；在经济上，国民党企图挽救危机的一切"改革"均告失败，国民党统治区物价飞涨，财政金融陷入一片混乱。这一切都说明，国民党在中国的统治已经处于风雨飘摇之中了。

共产党方面，在军事力量上，到 1949 年 1 月止，中国人民解放军的总兵力已经达到358万人，其中野战部队有188个师共218万人，且士气高涨，武器装备也有极大改善；在战略态势上，经过战略决战，已经占领了长江中下游以北地区，解放区发展到总面积261万平方公里和总人口约两亿的广大地区，形成巩固的后方与强大的前方连成一片的局面；在政治上，共产党人心所向，不仅在解放区内部党政军民团结一致，国民党统治区的大批爱国民主人士也不畏艰难，冲破封锁，纷纷投向解放区；在经济上，新民主主义的经济政策使解放区经济走向了初步的繁荣，同时，由于解放军攻克了一批具有工业基础的城市，也使人民革命力量有了比以往任何时候都强大的物质基础。这些情况说明，夺取中国民主革命最后胜利的条件已经完全成熟了。

为了更好地担负起争取中国革命最后胜利的任务，中国人民解放军于三大战役结束后，进行了全军整训。在整训中，各野战军分别展开形势教育，号召全军将士将革命进行到底，并根据形势的需要，进行了城市政策、新区政策和协同作战等方面的教育；团以上的干部，还展开了整顿纪律和反对无组织、无政府等不良倾向的思想教育。另外，根据中央军委1948年11月和1949年1月关于统一全军组织和部队番号的两次训令，各野战军还先后实行整编。经过整编，西北野战军改称第一野战军，彭德怀任司令员兼政治委员，下辖15.5万人；中原野战军改称第二野战军，刘伯承任司令员，邓小平任政治委员，下辖28万余人；华东野战军改称第三野战军,陈毅任司令员兼政治委员,下辖58.1万余人;东北野战军改称第四野战军,林彪任司令员,罗荣桓任政治委员,下辖90万人;华北军区第一兵团改称第十八兵团,徐向前任司令员兼政治委员,第二兵团改称第十九兵团,杨得志任司令员,罗瑞卿任政治委员,第三兵团改称第二十兵团,杨成武任司令员,李井泉任政治委员,以上部队共23.8万人,归中央军委直辖;华北、东北、华东、中原军区番号不变,分别由聂荣臻、高岗、陈毅、刘伯承任司令员,薄一波、高岗(兼)、饶漱石、邓小平任政治委员;陕甘宁晋绥联防军改称西北军区,贺龙任司令员,习仲勋任政治委员。此外,炮兵、工兵、装甲兵等特种兵部队也粗具规模,东北军区还建立了铁道兵团,由滕代远任司令员;华东军区成立了华东海军,由张爱萍任司令员。经过整编,中国人民解放军统一建制,充实了各级干部,扩充了大量兵员,正规化程序和整体战斗力得到了显著的提高。

经过战略决战,国民党败局已定,但是蒋介石不甘心失败。为了挽救败局,他先是在1949年元旦发出"求和"声明,妄想在保留国民党反动统治的条件下与共产党进行"和平"谈判;继而,他又宣布"引退",由李宗仁代理总统,他则在幕后继续策划负隅顽抗的阴谋。为了阻止解放军南下,蒋介石纠集了国民党残余部队70万人,布防在长江中下游沿岸,并出动飞机300余架、舰艇133艘,在南京、上海、武汉等地建起立体防御体系,企图确保京沪杭国民党统治的中心地区。

根据形势，中国共产党决定，在"惩办战争罪犯"等八项条件下，同意与国民党进行和平谈判，同时做好渡江作战准备，由刘伯承、邓小平、陈毅、粟裕、谭震林组成总前委，统一指挥渡江作战。3月31日，总前委根据中央军委的指示，制定了《京沪杭战役实施纲要》，对渡江战役进行了全面部署：以第三野战军第八、十兵团共35万人组成东集团，在张黄港至三江营间渡江；以第三野战军第七、九兵团共30万人组成中集团，在裕溪口至枞阳间渡江；以第二野战军第三、四、五兵团共35万人组成西集团，在枞阳至望江间渡江；以第四野战军先遣兵团共12万人，受西集团指挥在武汉牵制白崇禧集团，配合主力进行京沪杭地区的作战。4月，解放军百万雄师会集在长江中下游北岸，做好了渡江战役的充分准备。

4月1日，国共双方代表开始在北平进行和平谈判。15日，双方代表团共同拟定了《国内和平协议》，并商定于20日正式签字。但到最后时刻，国民党政府却拒绝签字，企图依托长江防线做垂死顽抗。21日，毛泽东、朱德命令中国人民解放军：向全国进军，"奋勇前进，坚决、彻底、干净、全部地歼灭中国境内一切敢于抵抗的国民党反动派，解放全中国，保卫中国领土主权的独立和完整"。遵照命令，解放军百万雄师从子夜开始，在东起江阴西至湖口的千里长江沿岸，以排山倒海之势，展开了规模宏大的渡江战役，向国民党统治的中心地区发起了最后冲击。

渡江部队官兵乘坐各式木船，冒着枪林弹雨奋勇向前。中集团首先突破长江，至22日，占领铜陵、南陵等地。接着，东集团在镇江、江阴间，西集团在九江、安庆间，分别突破国民党军防线，同时，中共地下党领导江阴国民党守军官兵起义，控制了江阴要塞，封锁了长江。国民党苦心经营三个半月之久的长江防线被彻底摧毁，国民党南京政府匆忙逃往广州，沿长江国民党军队向沪杭及浙赣线溃退。23日，渡江部队西集团占领贵池、青阳等地；中集团占领芜湖，并渡青弋江向东挺进；东集团占领常州、无锡，切断了宁沪铁路，同日，解放了镇江和南京。在南京以东长江江面上，国民党第二舰队司令林遵率所属25艘舰艇官兵起义；另有镇江江面国民党23艘舰艇官兵宣布投降。中国人民解放军占领南京，宣告了统治中国22年之久的国民党政府彻底垮台。

解放军占领南京后继续追歼残敌。第三野战军东、中集团按既定方针东西对进，于27日会师于吴兴，包围了南逃的国民党军5个军，经两天战斗，在郎溪、广德全歼该敌。5月3日解放杭州。12日，第三野战军向中国最大城市上海发起进攻。27日，解放军占领上海，歼灭国民党军15.3万人。上海战役期间，三野还先后解放了浙东、浙南广大地区，肃清了苏浙皖边残敌。第二野战军西集团，渡过长江后除以一部担任安庆、芜湖警备外，主力迅速向浙赣线出击，切断了汤恩伯集团与白崇禧集团的联系，有力地配合了三野进攻上海的作战；5月17日解放九江；22日解放南昌；同时，二野还先后解放了浙西、闽北、赣东北、赣中等广大地区。第四野战军先遣兵团配合二野、三野渡江作战,连克黄梅、浠水、汉川、孝感、黄陂等地;5月15日,由鄂东蕲春、黄岗地区渡过长江,逼迫白崇禧集团南逃;17日,解放中原重镇武汉;至22日,先后占领了咸宁、通山、鄂城、大冶、阳新等地。

自4月21日至6月1日,中国人民解放军在渡江战役中,以伤亡6万余人的代价,共歼敌43万余人,解放了苏南、皖南、浙江、闽北、赣中等广大地区,占领了南京、上海、杭州、武汉、南昌等一批大城市。

国民党失去长江防线后,仍然不甘心失败,在中南、西南、西北及台湾等地组织残余部队,继续做垂死挣扎,幻想东山再起。解放军不给敌人喘息机会,以摧枯拉朽之势,在全国范围向国民党残余势力发起了进攻。

在华北,聂荣臻、徐向前指挥华北各兵团,于4月20日分10路向太原发起进攻,战至24日,以伤亡1.5万人的代价攻克太原,歼敌13.5万余人,活捉国民党太原"绥署"副主任孙楚、太原守备总司令王靖国。29日,孤守在大同的国民党军1万余人接受和平改编。国民党绥远守军董其武部,早在北平和平解放后不久即与解放军进行和平谈判。6月8日,双方签字的《绥远和平协议》草案生效。9月19日,董其武率部6.5万余人宣布起义,起义部队改编为中国人民解放军第二十三兵团,绥远和平解放。太原和绥远的解放,为解放军进军西北打开了道路。

在华东,第三野战军主力于8月11日发动福州战役，17日解放福州，歼敌4万余人；9月19日发动漳厦战役，至25日先后解放同安、长泰、南靖、漳州、集美等地；10月17日解放厦门，歼敌2.7万余人。24日，三野进攻金门，与敌激战三昼夜，终因后续部队渡海困难而失利。1950年5月，三野解放舟山群岛。

在华中、华南，第四野战军主力于4月下旬开始南下，解放了新乡、安阳。5月，中共中央决定，中原军区领导机关与第四野战军领导机关合并，称中国人民解放军第四野战军兼华中军区，林彪任司令员，罗荣桓任第一政治委员。7月上旬，第四野战军及第二野战军一部发起宜沙战役和湘赣战役，先后解放了宜昌、沙市、慈利、桃源、常德等地。8月4日，国民党湖南省主席程潜及第一兵团司令陈明仁率部起义，长沙和平解放，起义部队改编为中国人民解放军第二十一兵团。10月，解放军发动衡宝战役，解放了衡阳、宝庆（今邵阳）。同时，四野分别进军广东、广西，10月14日解放广州；24日解放汕头；26日在阳江地区歼灭国民党军4万余人；11月22日解放桂林；12月4日解放南宁；1950年4月解放海南岛。至此，中南地区全部解放。

在西北，第一野战军于5月16日发起陕中战役，20日解放西安；6月10日至16日，击溃国民党胡宗南集团和马步芳、马鸿逵集团向西安的反扑，陕中战役共歼敌4万余人。6月下旬至7月初，第十八、十九兵团先后由晋入陕，西北战场解放军总兵力达到41万人。7月10日，第一野战军发起扶（风）眉（县）战役，至12日结束战斗，共歼敌4万余人。8月21日，第一野战军发起兰州战役，激战至26日，解放了兰州。9月，一野由河西走廊西进宁夏，5日占领西宁；23日进驻银川，解放了宁夏全境，马鸿逵部除1个军起义外，其余3万人全部被歼。9月下旬，国民党新疆警备总司令陶峙岳和新疆省主席包尔汉宣布起义，起义军7万余人改编为中国人民解放军第二十二兵团。10月20日，一野王震兵团进驻迪化（今乌鲁木齐）。至12月底，西北地区全部解放。

在西南，国民党胡宗南集团及四川张群等部及游杂部队共90余万人，企图以四川为防御重点，沿秦岭、大巴山、巫山、武陵山构筑"西南防线"。为突破国民党军防线，第二野战军采取迂回战略，以一部佯装由陕入川，主力则向湘西集结。11月1日，第二野战军主力及第四野战军一部发起川黔战役，由湘西向黔东、川东、川南进军，15日解放贵阳；21日占领遵义；30日解放重庆。接着，二野继续西进，从东、南、西三面包围成都，截断了胡宗南集团的退路。同时，第一野战军由陕南挺进川北，已进至绵阳一线。12月下旬，解放军发起成都战役，30日占领成都，胡宗南部除少数逃至西昌外，其余顽抗者全部被歼，另有国民党军队5个兵团起义。在成都战役的同时，国民党云南省主席卢汉、西康省主席刘文辉、西南军政长官公署副长官邓锡侯、潘文华等宣布起义，云南、西康两省和平解放。1950年3月，第二野战军发动西昌战役，至4月7日结束战斗，全歼胡宗南余部及西昌之敌共1万余人。1950年10月6日,解放军发动昌都战役,24日解放昌都,打开了进军西藏的门户。1951年5月23日,新中国中央政府与西藏地方政府签订了《关于和平解放西藏办法的协议》,根据协议,解放军于10月16日进驻拉萨,西藏和平解放。至此中国人民解放军解放了除台湾及沿海少数岛屿外的全部中国领土。

从1945年9月至1949年10月,中国人民解放军以伤亡152万人的代价,共歼灭国民党军队807万人;中国人民解放军发展到400余万人,成为一支强大的、装备比较完善的、正规化的人民军队。

1949年10月1日,中华人民共和国宣告成立,中华民族和中国人民遭受帝国主义、封建主义和官僚资本主义压迫的屈辱历史从此结束;近百年来无数志士仁人为之奋斗和献身的中国民主革命取得了胜利。

中国共产党领导的人民军队,是中国民主革命赖以成功的基本力量,它的诞生、成长、壮大,对中国革命的成败起着至关重要的作用。没有一个人民的军队,便没有人民的一切。在22年的斗争实践中,人民军队从弱小到强大,从被敌人长期包围到最后战胜敌人,积累了丰富的历史经验。这些经验主要包括:

第一,必须坚持共产党的绝对领导。这是保证军队成为无产阶级执行革命任务的武装集团的重要条件;是军队长期在农村并以农民为主体而能够保持无产阶级先进性的基本要求。

第二,必须坚持"紧紧地和中国人民站在一起,全心全意为人民服务"的宗旨。这是人民军队与一切旧军队的本质区别,也是它能够在任何艰难困苦的环境下战胜敌人的基本条件。

第三,必须建立军队民主制度和严格纪律。这是杜绝雇佣观念,发挥官兵积极性,提高战斗力,保证完成政治、军事任务的条件。

第四,必须实行符合中国实际情况的战略战术。人民战争战略,防御的持久战战略,战略上藐视敌人和战术上重视敌人;正规军、地方军和民兵三位一体;游击战、运动战和阵地战的配合,是人民军队战胜敌人的基本战略战术。

第五,必须不断提高官兵素质。既重视政治思想教育,也重视军事技术教育;既注意培养干部,也注意提高士兵;既注重在实践中积累经验,也注重正规学校的训练,这是提高官兵素质和军队整体战斗力水平,并使军队向着正规化方向发展的重要保障。

# 参考书目

1. 军事科学院军事历史研究部编《简明中国人民解放军战史》，军事科学出版社，1992。
2. 张国琦、李国祥著《中国人民解放军发展沿革》（1927~1949），解放军出版社，1984。
3. 《星火燎原》编辑部编《中国人民解放军发展序列》（1927~1949），解放军出版社，1985。
4. 廖国良、田园乐编《中国工农红军事件人物录》，上海人民出版社，1987。
5. 何理等编《八路军事件人物录》，上海人民出版社，1988。
6. 王辅一主编《新四军事件人物录》，上海人民出版社，1988。
7. 邵维正、王普、刘建英编《中国人民解放军事件人物录》，上海人民出版社，1988。
8. 宋时轮著《毛泽东军事思想的形成及其发展》，军事科学出版社，1984。
9. 齐中彦著《中国人民解放军军史上的今天》，长征出版社，1986。

10. 中国人民革命军事博物馆编《中国人民解放军战史图集》，中国地图出版社，1990。

# 《中国史话》总目录

| 系列名 | 序号 | 书名 | 作者 |
|---|---|---|---|
| 物质文明系列（10种） | 1 | 农业科技史话 | 李根蟠 |
| | 2 | 水利史话 | 郭松义 |
| | 3 | 蚕桑丝绸史话 | 刘克祥 |
| | 4 | 棉麻纺织史话 | 刘克祥 |
| | 5 | 火器史话 | 王育成 |
| | 6 | 造纸史话 | 张大伟　曹江红 |
| | 7 | 印刷史话 | 罗仲辉 |
| | 8 | 矿冶史话 | 唐际根 |
| | 9 | 医学史话 | 朱建平　黄健 |
| | 10 | 计量史话 | 关增建 |
| 物化历史系列（28种） | 11 | 长江史话 | 卫家雄　华林甫 |
| | 12 | 黄河史话 | 辛德勇 |
| | 13 | 运河史话 | 付崇兰 |
| | 14 | 长城史话 | 叶小燕 |
| | 15 | 城市史话 | 付崇兰 |
| | 16 | 七大古都史话 | 李遇春　陈良伟 |
| | 17 | 民居建筑史话 | 白云翔 |
| | 18 | 宫殿建筑史话 | 杨鸿勋 |
| | 19 | 故宫史话 | 姜舜源 |

| 系列名 | 序号 | 书名 | 作者 | |
|---|---|---|---|---|
| 物化历史系列（28种） | 20 | 园林史话 | 杨鸿勋 | |
| | 21 | 圆明园史话 | 吴伯娅 | |
| | 22 | 石窟寺史话 | 常青 | |
| | 23 | 古塔史话 | 刘祚臣 | |
| | 24 | 寺观史话 | 陈可畏 | |
| | 25 | 陵寝史话 | 刘庆柱 | 李毓芳 |
| | 26 | 敦煌史话 | 杨宝玉 | |
| | 27 | 孔庙史话 | 曲英杰 | |
| | 28 | 甲骨文史话 | 张利军 | |
| | 29 | 金文史话 | 杜勇 | 周宝宏 |
| | 30 | 石器史话 | 李宗山 | |
| | 31 | 石刻史话 | 赵超 | |
| | 32 | 古玉史话 | 卢兆荫 | |
| | 33 | 青铜器史话 | 曹淑琴 | 殷玮璋 |
| | 34 | 简牍史话 | 王子今 | 赵宠亮 |
| | 35 | 陶瓷史话 | 谢端琚 | 马文宽 |
| | 36 | 玻璃器史话 | 安家瑶 | |
| | 37 | 家具史话 | 李宗山 | |
| | 38 | 文房四宝史话 | 李雪梅 | 安久亮 |

| 系列名 | 序号 | 书名 | 作者 |
|---|---|---|---|
| 制度、名物与史事沿革系列（20种） | 39 | 中国早期国家史话 | 王 和 |
| | 40 | 中华民族史话 | 陈琳国 陈 群 |
| | 41 | 官制史话 | 谢保成 |
| | 42 | 宰相史话 | 刘晖春 |
| | 43 | 监察史话 | 王 正 |
| | 44 | 科举史话 | 李尚英 |
| | 45 | 状元史话 | 宋元强 |
| | 46 | 学校史话 | 樊克政 |
| | 47 | 书院史话 | 樊克政 |
| | 48 | 赋役制度史话 | 徐东升 |
| | 49 | 军制史话 | 刘昭祥 王晓卫 |
| | 50 | 兵器史话 | 杨 毅 杨 泓 |
| | 51 | 名战史话 | 黄朴民 |
| | 52 | 屯田史话 | 张印栋 |
| | 53 | 商业史话 | 吴 慧 |
| | 54 | 货币史话 | 刘精诚 李祖德 |
| | 55 | 宫廷政治史话 | 任士英 |
| | 56 | 变法史话 | 王子今 |
| | 57 | 和亲史话 | 宋 超 |
| | 58 | 海疆开发史话 | 安 京 |

| 系列名 | 序号 | 书名 | 作者 |
|---|---|---|---|
| 交通与交流系列（13种） | 59 | 丝绸之路史话 | 孟凡人 |
| | 60 | 海上丝路史话 | 杜 瑜 |
| | 61 | 漕运史话 | 江太新 苏金玉 |
| | 62 | 驿道史话 | 王子今 |
| | 63 | 旅行史话 | 黄石林 |
| | 64 | 航海史话 | 王 杰 李宝民 王 莉 |
| | 65 | 交通工具史话 | 郑若葵 |
| | 66 | 中西交流史话 | 张国刚 |
| | 67 | 满汉文化交流史话 | 定宜庄 |
| | 68 | 汉藏文化交流史话 | 刘 忠 |
| | 69 | 蒙藏文化交流史话 | 丁守璞 杨恩洪 |
| | 70 | 中日文化交流史话 | 冯佐哲 |
| | 71 | 中国阿拉伯文化交流史话 | 宋 岘 |
| 思想学术系列（21种） | 72 | 文明起源史话 | 杜金鹏 焦天龙 |
| | 73 | 汉字史话 | 郭小武 |
| | 74 | 天文学史话 | 冯 时 |
| | 75 | 地理学史话 | 杜 瑜 |
| | 76 | 儒家史话 | 孙开泰 |
| | 77 | 法家史话 | 孙开泰 |
| | 78 | 兵家史话 | 王晓卫 |

| 系列名 | 序号 | 书名 | 作者 |
| --- | --- | --- | --- |
| 思想学术系列（21种） | 79 | 玄学史话 | 张齐明 |
|  | 80 | 道教史话 | 王　卡 |
|  | 81 | 佛教史话 | 魏道儒 |
|  | 82 | 中国基督教史话 | 王美秀 |
|  | 83 | 民间信仰史话 | 侯　杰　王小蕾 |
|  | 84 | 训诂学史话 | 周信炎 |
|  | 85 | 帛书史话 | 陈松长 |
|  | 86 | 四书五经史话 | 黄鸿春 |
|  | 87 | 史学史话 | 谢保成 |
|  | 88 | 哲学史话 | 谷　方 |
|  | 89 | 方志史话 | 卫家雄 |
|  | 90 | 考古学史话 | 朱乃诚 |
|  | 91 | 物理学史话 | 王　冰 |
|  | 92 | 地图史话 | 朱玲玲 |
| 文学艺术系列（8种） | 93 | 书法史话 | 朱守道 |
|  | 94 | 绘画史话 | 李福顺 |
|  | 95 | 诗歌史话 | 陶文鹏 |
|  | 96 | 散文史话 | 郑永晓 |
|  | 97 | 音韵史话 | 张惠英 |
|  | 98 | 戏曲史话 | 王卫民 |
|  | 99 | 小说史话 | 周中明　吴家荣 |
|  | 100 | 杂技史话 | 崔乐泉 |

| 系列名 | 序号 | 书名 | 作者 | |
|---|---|---|---|---|
| 社会风俗系列（13种） | 101 | 宗族史话 | 冯尔康 | 阎爱民 |
| | 102 | 家庭史话 | 张国刚 | |
| | 103 | 婚姻史话 | 张 涛 | 项永琴 |
| | 104 | 礼俗史话 | 王贵民 | |
| | 105 | 节俗史话 | 韩养民 | 郭兴文 |
| | 106 | 饮食史话 | 王仁湘 | |
| | 107 | 饮茶史话 | 王仁湘 | 杨焕新 |
| | 108 | 饮酒史话 | 袁立泽 | |
| | 109 | 服饰史话 | 赵连赏 | |
| | 110 | 体育史话 | 崔乐泉 | |
| | 111 | 养生史话 | 罗时铭 | |
| | 112 | 收藏史话 | 李雪梅 | |
| | 113 | 丧葬史话 | 张捷夫 | |
| 近代政治史系列（28种） | 114 | 鸦片战争史话 | 朱谐汉 | |
| | 115 | 太平天国史话 | 张远鹏 | |
| | 116 | 洋务运动史话 | 丁贤俊 | |
| | 117 | 甲午战争史话 | 寇 伟 | |
| | 118 | 戊戌维新运动史话 | 刘悦斌 | |
| | 119 | 义和团史话 | 卞修跃 | |
| | 120 | 辛亥革命史话 | 张海鹏 | 邓红洲 |

| 系列名 | 序号 | 书名 | 作者 |
|---|---|---|---|
| 近代政治史系列（28种） | 121 | 五四运动史话 | 常丕军 |
| | 122 | 北洋政府史话 | 潘荣 魏又行 |
| | 123 | 国民政府史话 | 郑则民 |
| | 124 | 十年内战史话 | 贾维 |
| | 125 | 中华苏维埃史话 | 杨丽琼 刘强 |
| | 126 | 西安事变史话 | 李义彬 |
| | 127 | 抗日战争史话 | 荣维木 |
| | 128 | 陕甘宁边区政府史话 | 刘东社 刘全娥 |
| | 129 | 解放战争史话 | 汪朝光 |
| | 130 | 革命根据地史话 | 马洪武 王明生 |
| | 131 | 中国人民解放军史话 | 荣维木 |
| | 132 | 宪政史话 | 徐辉琪 傅建成 |
| | 133 | 工人运动史话 | 唐玉良 高爱娣 |
| | 134 | 农民运动史话 | 方之光 龚云 |
| | 135 | 青年运动史话 | 郭贵儒 |
| | 136 | 妇女运动史话 | 刘红 刘光永 |
| | 137 | 土地改革史话 | 董志凯 陈廷煊 |
| | 138 | 买办史话 | 潘君祥 顾柏荣 |
| | 139 | 四大家族史话 | 江绍贞 |
| | 140 | 汪伪政权史话 | 闻少华 |
| | 141 | 伪满洲国史话 | 齐福霖 |

| 系列名 | 序号 | 书名 | 作者 |
|---|---|---|---|
| 近代经济生活系列（17种） | 142 | 人口史话 | 姜 涛 |
| | 143 | 禁烟史话 | 王宏斌 |
| | 144 | 海关史话 | 陈霞飞 蔡渭洲 |
| | 145 | 铁路史话 | 龚 云 |
| | 146 | 矿业史话 | 纪 辛 |
| | 147 | 航运史话 | 张后铨 |
| | 148 | 邮政史话 | 修晓波 |
| | 149 | 金融史话 | 陈争平 |
| | 150 | 通货膨胀史话 | 郑起东 |
| | 151 | 外债史话 | 陈争平 |
| | 152 | 商会史话 | 虞和平 |
| | 153 | 农业改进史话 | 章 楷 |
| | 154 | 民族工业发展史话 | 徐建生 |
| | 155 | 灾荒史话 | 刘仰东 夏明方 |
| | 156 | 流民史话 | 池子华 |
| | 157 | 秘密社会史话 | 刘才赋 |
| | 158 | 旗人史话 | 刘小萌 |
| 近代中外关系系列（13种） | 159 | 西洋器物传入中国史话 | 隋元芬 |
| | 160 | 中外不平等条约史话 | 李育民 |
| | 161 | 开埠史话 | 杜 语 |
| | 162 | 教案史话 | 夏春涛 |
| | 163 | 中英关系史话 | 孙 庆 |
| | 164 | 中法关系史话 | 葛夫平 |

| 系列名 | 序号 | 书名 | 作者 |
|---|---|---|---|
| 近代中外关系系列（13种） | 165 | 中德关系史话 | 杜继东 |
| | 166 | 中日关系史话 | 王建朗 |
| | 167 | 中美关系史话 | 陶文钊 |
| | 168 | 中俄关系史话 | 薛衔天 |
| | 169 | 中苏关系史话 | 黄纪莲 |
| | 170 | 华侨史话 | 陈民　任贵祥 |
| | 171 | 华工史话 | 董丛林 |
| 近代精神文化系列（18种） | 172 | 政治思想史话 | 朱志敏 |
| | 173 | 伦理道德史话 | 马勇 |
| | 174 | 启蒙思潮史话 | 彭平一 |
| | 175 | 三民主义史话 | 贺渊 |
| | 176 | 社会主义思潮史话 | 张武　张艳国　喻承久 |
| | 177 | 无政府主义思潮史话 | 汤庭芬 |
| | 178 | 教育史话 | 朱从兵 |
| | 179 | 大学史话 | 金以林 |
| | 180 | 留学史话 | 刘志强　张学继 |
| | 181 | 法制史话 | 李力 |
| | 182 | 报刊史话 | 李仲明 |
| | 183 | 出版史话 | 刘俐娜 |
| | 184 | 科学技术史话 | 姜超 |

| 系列名 | 序号 | 书名 | 作者 |
|---|---|---|---|
| 近代精神文化系列（18种） | 185 | 翻译史话 | 王晓丹 |
| | 186 | 美术史话 | 龚产兴 |
| | 187 | 音乐史话 | 梁茂春 |
| | 188 | 电影史话 | 孙立峰 |
| | 189 | 话剧史话 | 梁淑安 |
| 近代区域文化系列（11种） | 190 | 北京史话 | 果鸿孝 |
| | 191 | 上海史话 | 马学强　宋钻友 |
| | 192 | 天津史话 | 罗澍伟 |
| | 193 | 广州史话 | 张苹　张磊 |
| | 194 | 武汉史话 | 皮明庥　郑自来 |
| | 195 | 重庆史话 | 隗瀛涛　沈松平 |
| | 196 | 新疆史话 | 王建民 |
| | 197 | 西藏史话 | 徐志民 |
| | 198 | 香港史话 | 刘蜀永 |
| | 199 | 澳门史话 | 邓开颂　陆晓敏　杨仁飞 |
| | 200 | 台湾史话 | 程朝云 |

## 《中国史话》主要编辑出版发行人

**总 策 划** 谢寿光　王　正
**执行策划** 杨　群　徐思彦　宋月华
　　　　　　梁艳玲　刘晖春　张国春
**统　　筹** 黄　丹　宋淑洁
**设计总监** 孙元明
**市场推广** 蔡继辉　刘德顺　李丽丽
**责任印制** 岳　阳